남자의 후반전

울고 싶어도 울 수 없는 마흔을 위하여

남자의 후반전

초판 1쇄 발행 2017년 12월 15일
초판 2쇄 발행 2021년 12월 5일

지은이 김용태

발행인 정경진
편집장 정규보
기획 고준영
디자인 디자인캠프, 박종건
일러스트 장인범
마케팅 김찬완
홍보 이선유

펴낸곳 ㈜알피스페이스
출판등록 제2012-000067호(2012년 2월 22일)
주소 서울 강남구 삼성로 634(삼성동)
문의 02-2002-9880
블로그 the_denstory.blog.me

ISBN 979-11-85716-56-5 03180
값 14,000원

Denstory는 ㈜알피스페이스의 출판 브랜드입니다.
파본이나 잘못된 책은 구입하신 곳에서 바꿔드립니다.

*이 책은 2016년 출간된 『중년의 배신』과 본문 내용이 동일합니다.

울고 싶어도 울 수 없는 마흔을 위하여

남자의 후반전

김용태 지음

Denstory

4부 성인아이에서 진짜 어른으로

인생을 바로잡을 수 있는 마지막 기회

파워 소스가 사라지는 중년기

남자는 자존심으로 산다고 한다. 대개 남자의 자존심은 가진 파워에 비례한다. 돈이나 권력, 명예가 높을수록 자존심이 강하다. 그러나 대부분의 사람이 중년에 이르면 이 모든 것을 제공했던 직장에서 떠나야 한다. 버틸 때까지 버텨보지만 언젠가는 떠나야 한다. 직장을 나오면 사회적 지위도 권력도 사라진다. 남자는 자존심으로 사는데 자존심을 유지해주던 파워 소스가 사라져버린다. 이렇게 돈이나 지위, 권력에 파워 소스를 두고 살아온 사람들은 자연스레 중년에 위기를 겪게 된다.

게다가 몸도 이전 같지 않다. 흰머리와 주름살이 하루가 다르게 늘고 몸은 점점 볼품없어진다. 성^性적으로도 예전 같지 않아서 당혹스럽다. 이제 남성으로서 끝나는 것 같다. 집에 가도 왕따가 되는 것 같다. 아내도 자식도 그저 돈만 벌어다 주는 기계 취급하는 것 같아 분한 마음이 든다. 가족끼리 무슨 생각으로 사는지 알 수 없는 채로 하루하루 살아간다. 정서적으로는 홈리스homeless 상태다. 위로는 부모님, 아래로는 자녀들의 미래, 여기에 노후까지 생각하면 불안하고 두렵다.

한국 중년의 현실이 이렇다. 젊을 때는 이때쯤이면 안정되어 있을 것이라고 예상했는데 현실은 몸 둘 곳도 마음 둘 곳도 없는 황량한 벌판이다. 황량한 벌판에 서 있는 마음속은 시베리아보다 춥다.

나는 상담을 하며 이런 중년 남성들을 많이 만났다. 수많은 사람들이 열심히 살기만 하면 괜찮을 줄 알았는데, 중년에 이르러 일에서도 가정에서도 힘만 드는 자신의 현실을 이해하기 힘들어했다.

많은 문제가 얽혀 있는 중년은, 그러나 인생의 내리막이 아니라 문제 있던 인생을 바로잡을 수 있는 마지막 기회다. 인간은 태어나서부터 죽을 때까지 발달단계별로 획득해야 할 마음의 자산을 잘 획득하면 정체성을 갖지만, 그러지 못하면 어른이어도 덩치만 큰 아이다. 중년기는 단계별로 하지 못했던 숙제를 해서 어른이 될 수 있는 인생의 마지막 기회다. 이 시기를 어떻게 보내느냐가 남은 인생을 성숙하게 살지, 위기 속에 빠지게 할지 결정한다.

많은 사람들이 중년 남성의 문제를 먹고사는 경제적인 측면으로 접근한다. 먹고사는 문제는 중요하다. 그러나 그것이 파워 소스가 사라져

위기를 겪는 중년 남성 문제의 본질은 아니다. 적은 돈을 가지고도 행복하게 살 수 있는 사람이 있고 많은 돈을 가지고도 불행하게 사는 사람들이 있다. 백화점에서, 식당에서, 회사에서 갑질로 질타를 받는 사람들은 인간, 삶, 자신을 바라보는 시선에 문제가 있는 사람들이다. 갑의 위치에서 갑질을 하며 자기를 과시해야만 견딜 수 있는 불행한 마음으로 살고 있는 사람들이다. 직장에서, 가정에서, 거리에서 자신보다 약한 누군가에게 이런 갑질을 해야만 살 수 있는 중년 남성들이 많다. 열심히 일했지만 어디에도 마음 둘 곳 없는 중년 남성의 이런 현실이 어디에서 연유했는지, 그리고 그 해결책은 무엇인지 찾는 것이 이 책을 쓴 목적이다.

남성들은 왜 그렇게 파워를 좇는가?

나는 이 책에서 왜 그렇게 남성들이 파워를 좇는지, 그리고 그것이 중년의 위기와 무슨 상관이 있는지, 어떻게 이 위기를 극복할 수 있는지를 보여주고자 했다.

1부에서는 일을 전부로 알고 살아오다 실직 후 아내에게 실직 사실을 얘기하지 못하며 위기를 겪고, 이를 통해 자신의 삶을 통찰하며 중년의 위기를 극복해가는 정선 씨의 스토리가 소개된다.

2부에서는 중년의 위기가 파워의 위기인 이유를 노화와 성적 위기, 직장과 가정에서의 위기로 살펴보았다. 특히 물질 중심의 현대 사회가 가정에서의 개인의 삶을 어떻게 변화시키고 있는지 상세히 살펴보았다.

3부에서는 남성들이 그렇게 파워에 목매다는 이유를 설명했다. 중년 남성들 중에는 자기 정체성이 없어 몸은 어른이어도 마음은 아이인 성인아이들이 많다. 마음이 어릴수록 파워에 목을 매 자기 과시를 할 수밖에 없는 이들의 마음을 살펴보았다. 이 책을 읽는 독자를 위해 자신도 혹시 성인아이가 아닌지 점검할 수 있는 점검표와 성인아이가 보이는 생각과 감정, 행동 패턴을 소개했다. 아울러 성인아이가 파워 있어 보이려고 쓰는 방법들, 파워 없음을 들키지 않으려고 쓰는 방어기제들을 다루었다.

4부에서는 완벽주의적 경향, 자아도취적 경향, 의존하는 경향을 통해서 파워를 추구했던 성인아이들이 어른이 되어가는 성장 스토리를 다루었다. 상사의 지적을 받는 것을 너무나 힘들어하던 완벽주의자, 속으론 떨면서 겉으로는 센 척했던 마초형 남자, 늘 다른 사람에게 의존해서 자신의 불완전함을 감추었던 이들의 힘들지만 위대한 자기 발견의 길을 소개한다. 독자들도 내가 이들에게 했던 질문을 스스로에게 해보며 위대한 자기 발견의 길을 가길 바라는 마음에서 상담의 전 과정을 소개했다.

5부에서는 중년기에 꼭 배워야 할 마음의 자산에 대해서 설명했다. 중년기의 숙제인 관용 및 나눔과 돌봄의 덕을 쌓는 것, 중년에 꾸어야 할 꿈, 중년의 일에 대해 다루었다. 끝으로 가정과 사회에서 파워를 좇는 존재가 아닌 정서적 존재가 될 수 있는 방법을 설명했다. 인간은 마음을 나누면서 살아가는 존재다. 특히 중년에서 노년으로 갈수록 이러한 정서적 관계는 더욱 중요하다.

이 책을 내면서 많은 이들에게 빚을 졌다. 먼저 덴스토리의 류현아 편집장님은 중년 남성을 위한 책을 쓰자고 제안해 이 책을 시작하게 했고 박운미 상무님은 소그룹 강의 참석 등 필요한 지원을 아끼지 않았다.

이 책을 위해 7주간의 소그룹 강의를 기획해 진행했는데, 참석한 분들에게도 감사드린다. 이분들의 질문과 토론으로 책이 훨씬 풍성해질 수 있었다. 트리니티상담센터장인 김은영 실장, 트리니티상담대학원에서 석사를 마친 박영희 선생님, 강경희 선생님, 유일한 남성 참석자였던 조기훈 선생님, 강의 녹취록을 만들어준 석사과정 박연하 선생님이 그들이다.

가장 많은 빚을 진 사람은 기획자 고준영 선생님이다. 고준영 선생님은 중년 남성의 위기를 파워의 위기로 보고 책 전체의 방향을 잡았고 내용을 기획했으며 내가 원고를 쓰는 내내 적절한 피드백과 의견을 제시해주었다. 또한 책 전체의 내용을 스토리화한 1부 〈어느 날 문득 인생이 낯설어지다〉의 원고를 써서 자칫 딱딱할 수도 있는 내용을 쉽고 흥미롭게 만들어주었다. 감사드린다.

무엇보다도 이 책을 쓰면서 지혜를 허락해주신 하나님께 감사와 영광을 돌린다. 하나님은 뭔가 모자란 느낌이 들고 부족하다는 생각이 들 때마다 지혜를 부어주셨다.

끝으로 이 책을 읽게 될 독자들에게 깊은 감사를 표한다. 책을 읽고
피드백을 주는 독자들 덕분에 책 쓰는 일에 의미를 느끼고 내 존재감을
더욱 느끼게 된다.

2016년 봄
김용태

1부

어느 날
문득

인생이
낯설어지다

01

회사는
내게 무엇이었나

승진이 걸린 미국 출장길

'이제 좀 살 거 같군.'

이른 아침인데도 인천공항에는 사람이 많다. 정선은 라운지 커피숍에 앉아 직원들을 기다리며 뜨거운 커피를 마셨다.

정선은 IT 회사 신규 사업본부 부장이다. 회사는 미국 제약업체와 업무 제휴를 통해 미래 신수종 사업인 BT^{Bio Technology} 분야로 진출하고자 심혈을 기울여왔다. 이번 출장은 계약 조건을 최종 조율하는 미팅이 될 터였다.

"부장님, 일찍 오셨네요!"

한참 생각에 빠져 있는데 김 과장이 인사를 한다.

"어, 왔어? 자네도 커피 한 잔 해."

"네. 아직 잠이 덜 깨서 커피가 필요하긴 해요. 하하."

커피를 가지고 온 김 과장이 묻는다.

"부장님, 이번 건이 잘되면 우리 신규 사업 1팀은 완전 회사의 구원투수가 되는 거죠?"

"그렇지. 이번 건만 성사되면 우리 회사는 시장 가치가 엄청 높아질 거야. 투자 유치도 수월해지고 재정적인 압박은 다 해결되는 거지."

정선은 이번 일로 자신의 능력을 보여줘 다음 인사 때 본부장 승진을 기대하고 있었다.

"어깨가 무겁네요. 아, 저기 최 대리도 옵니다."

"죄송합니다. 졸병이 제일 늦었습니다!"

최 대리가 씩씩하게 인사를 한다.

"그래 자, 탑승하자고!"

"아니, 이런 법이 어디 있답니까?"

샌디에이고에 있는 제약회사와 미팅을 마치고 숙소로 돌아왔을 때, 김 과장이 분통을 터뜨리며 소리쳤다.

"어쩐지 그동안 이상하다 했습니다. 출장 전에 실무진끼리 얘기를 맞춰보자고 해도 계속 응답이 없더니만 딴짓을 하고 있던 거라고요."

최 대리도 함께 흥분했다. 하지만 정선에게는 김 과장과 최 대리의 말이 멀리서 들려오는 소리 같았다. 파트너 제약회사는 정선네 회사와 최종 조율만 남아 있는 상태에서 국내의 대기업과 손을 잡기로 결정을 해버렸다. 물론 정선의 회사와 대기업의 조건 자체는 게임이 되지 않았다. '상도의 운운'하는 것은 씨도 먹히지 않을 상황이었다.

'이제 끝났구나. 본부장이 되는 건 틀렸어.'

정선 일행은 다음 날로 짐을 싸서 돌아왔다. 이미 이메일과 전화로 보고를 받은 본부장은 싸늘했다.

"박 부장, 이번 건 그냥 넘어가지는 못할 거라는 건 알고 있지?"

"……"

"곧 인사 조치가 있을 걸세."

회사의 BT 사업은 무산되었고, 신규 사업본부 전체가 없어질 거라는 흉흉한 소문이 돌았다.

"부장님, 말들이 많은데 우리 부서는 어떻게 되는 겁니까?"

"구조조정 얘기가 있던데 우리 부서가 표적이 될 거라고 합니다."

김 과장, 최 대리가 답답해해도 정선은 해줄 수 있는 말이 없었다. 부서장으로서 그런 입장이 된 자신이 원망스럽고 수치스러웠다.

한마디 항의 없이 회사를 떠나다

정선은 집에는 아무 말도 하지 않았다. 오랜만에 집에 있던 주말, 아

남자의 후반전

빠의 사정을 모르는 대학생 딸아이가 겨울방학 때 해외 연수를 보내달라고 했다. 정선이 이 생각 저 생각에 대답을 하지 않자 아내가 재차 물었다.

"당신 왜 아무 말도 없어? 요즘 연수 다녀온 스펙이 없으면 취업도 안 돼요."

정선은 터지기 일보 직전이다. 가족들이 자신의 사정을 모른다는 것은 알지만 화가 났다.

"연수는 무슨 연수. 국내에도 좋은 학원 많잖아!"

정선은 불안한 마음을 들키지 않으려고 소리를 버럭 지르며 자리에서 일어났다.

"너희 아빠는 왜 별안간 화를 낸다니?"

"아빠 왜 저러셔?"

영문을 모르는 아내와 딸은 정선의 별안간의 일격에 어리둥절해했다.

생각보다 오래 시간을 끌던 구조조정 내용이 발표되었다. 신규 사업본부는 축소되고 정선은 퇴직, 김 과장과 최 대리는 좌천 전보 발령을 받았다. 본부의 총책임자여서 함께 문책성 인사를 받을 줄 알았던 본부장은 변화가 없었다.

"본부장님, 어떻게 된 겁니까?"

"다 같이 죽을 수야 없지 않나?"

그것으로 본부장과의 대화는 끝이었다. 본부가 다 없어지지 않은 것을 다행이라 여기면서도 본부장이 자신을 보호해주지 않은 것에 대한 서운함이 몰려왔고 한편으로는 의구심도 들었다.

구조조정 발표 날, 함께 출장을 갔던 김 과장, 최 대리와 술집에 갔다.

"부장님, 죄송합니다. 저희들이 잘 보필을 못해서……. 근데 본부장님은 어떻게 살아남으신 거예요?"

최 대리의 질문에 김 과장이 작심한 듯 한마디 했다.

"부장님, 이번에 부장님이 독박 쓰셨어요."

김 과장의 말에 정선의 가슴에 서늘한 기운이 스쳐간다.

"본부장님이 부장님의 업체 핸들링에 문제가 있어서 다 된 계약 뺏기게 된 것으로 몰고 갔대요."

"김 과장은 그걸 어떻게 알았어?"

"기획실 입사 동기가 알려줬습니다. 어떻게 된 건지 좀 알려달라고 제가 사정을 했거든요."

공적·사적으로 챙겨온 본부장에 대한 배신감이 몰려왔다.

다음 날 정선은 회사생활 이래 처음으로 출근을 못하고 몸져누웠다.

"당신 출근 안 해도 돼?"

아내가 걱정스런 표정으로 물었다.

"오늘은 안 나가."

정선은 아예 휴대전화를 꺼놓고 하루 종일 집에서 지냈다. 다음 날 회사를 나간 정선은 짐 정리를 했다. 행정 처리를 위해 며칠간 회사를 나가는 동안, 정선은 본부장을 만나 항의를 해보고 싶은 마음과 그래 봤자 이미 끝난 일이라는 생각으로 몹시 갈등했다. 본부장에게 할 말이 많았지만 자신이 떠나고 나면 본부장이 자기에게 유리하게 소문을 낼 것

남자의 후반전

이 뻔했다. 깨끗이 못 떠난 사람이라는 소리를 듣게 될 뿐이라는 생각에 정선은 참고 또 참았다.

열심히 일하면 다 될 줄 알았는데

정선은 아내에게 회사를 그만두게 되었다는 얘기를 할 수가 없었다. 아내와 특별한 문제가 있는 건 아니었지만, 아이들 얘기나 집안 행사 등 꼭 필요한 일을 제외하고 대화다운 대화를 못한 지 오래였다. 그나마 다행인 것은 퇴직금 외에 5개월 치 급여를 위로금으로 받은 것이었다. 그 안에 일자리를 구하고 아내에게는 회사를 옮겼다고 할 생각이었다.

막상 회사를 그만두고 나니 아침에 어디로 가야 할지 난감해졌다. 첫 날은 집을 나와 회사로 향하고 있는 자신을 발견하고는 씁쓸해졌다. 바람이나 쐬고 오자 하다가 얼떨결에 속초까지 다녀왔다. 중간에 멈춰 설 곳을 찾지 못해서였다.

'혼자 생각할 시간이 필요해. 제주도나 다녀와야겠다.'

아내에게는 출장을 간다고 하고 다음 날 아침, 정선은 김포공항으로 향했다. 제주도는 회사 행사나 가족 여행으로 몇 번 다녀온, 집에서 제일 멀면서도 익숙한 곳이었다. 함덕해수욕장 근처 민박집에 짐을 풀고 바닷가로 나갔다. 철 지난 바닷가는 쓸쓸했다. 자신의 마음 같았다.

'회사를 위해 열심히 일하면 다 될 줄 알았는데 이게 뭔가?'

이 말이 계속 입에서 맴돌았다.

'이게 뭔가? 이게 뭔가?'

정선은 그동안 자신이 회사에서 정년퇴직할 것이라고 믿어 의심치 않았다. 능력도 인정받았고 평판도 좋았다. 회사에 있으면 편했다. 이렇게 빨리, 그것도 불명예스럽게 회사를 그만두게 될 줄은 꿈에도 몰랐다. 회사와 본부장에 대한 배신감이 몹시 마음을 괴롭혔다.

'회사야 경쟁이 치열하니 어쩔 수 없었겠지. 본부장도 살아남고 싶었겠지. 그래도 어떻게……!'

이해를 해보려고 애를 썼다. 그래야 마음이 편할 것 같았다. 그러나 아무리 해도 받아들이기 힘들었다. 고통스럽고 쓰라렸다. 자신은 이렇게 황망하고 허망한데 회사는 아무 일도 없다는 듯 돌아갈 것을 생각하니 미칠 것 같았다.

'도대체 회사가 나에게 뭐였지?'

갑자기 회사생활을 하던 때가 먼 옛날같이 느껴졌다. 회사생활을 하던 자신도, 지금 바닷가에서 홀로 있는 자신도 참 낯설었다. 그 낯섦을 어떻게 할 수가 없어 정선은 머리를 흔들며 그 낯선 감정을 없애버렸다.

아내에게 털어놓을 수 없는 이유

집으로 돌아온 정선은 매일 아침 국립중앙도서관으로 향했다. 업계 사람들 모임 하면서 몇 번 방문했던 국립중앙도서관은 구직 활동을 하기에 좋은 장소였다. 신문도 보고 업계 현황도 파악하고 구인 사이트를 돌아다니며 이력서도 제출했다. 저녁에는 친구와 지인들을 만났다.

어디든 빨리 들어가는 것이 급선무라 정선은 회사의 규모를 따지지 않고 자신의 경력을 살릴 수 있는 곳이라면 이력서를 넣었다. 학벌도 좋고 경력도 좋아서 인터뷰를 하자는 연락들이 곧잘 왔다. 인터뷰는 호의적인 분위기에서 진행되었다. 그러나 정선이 이전 회사의 연봉을 말하면 분위기가 급냉랭해졌고 연락이 오지 않았다. 정선은 회사의 규모는 줄여서 가도 연봉을 줄여서 가고 싶지는 않았다. 아내에게 스카우트돼서 회사를 옮겼다고 얘기하고 싶었기 때문이다. 사실대로 얘기하고 싶은 생각이 들기도 했으나 그러면 앞으로 아내와의 관계에서 계속 눌려지내야 할 것만 같았다. 정선은 아내와의 관계가 자신이 가져다주는 월급으로 균형을 유지하고 있다고 생각했다.

'지금도 내 말이 씨가 안 먹히는데 돈까지 덜 가져다주면 더더욱 어려워질 거야. 그럴 수는 없지.'

회사를 나온 지 어느덧 두 달이 넘어가고 있었다. 마음이 급해졌다. 이제 저녁에 만날 사람도 다 만난 것 같다. 그동안 매일 늦게 들어가다가 일찍 들어가면 단박에 들통이 날 것 같았다. 그렇다고 밤까지 도서관에 있기는 싫었다. 속히 일자리를 찾아야 했다.

실직 선배를 만나다

———

도서관에 있는데 친구 호준으로부터 전화가 왔다.

"정선아, 너 오늘 뭐 하냐?"

"왜? 무슨 일인데?"

"고등학교 동창, 현구라고 기억나니?"

"글쎄, 잘 기억나지 않는다."

"걔 건설회사 기획실 본부장 하다가 프로젝트가 실패하면서 책임을 지고 사표를 썼다더라. 식당을 꽤 크게 차렸다가 실패하고 어려움을 겪었는데, 요즘에는 자기 경험 살려서 책도 쓰고 강의도 한대. 오늘 출간 기념 강의를 한다는데 한번 가보자고. 너랑 회사 나온 것도 비슷하고 해서 연락했다."

강의는 강남소상공인진흥원 강당에서 40~50명 규모로 개최되고 있었다.

"여러분! 저는 오늘 여러분이 제 강의를 듣고 창업하려던 생각을 싹 접으시길 바랍니다."

현구의 첫마디는 뜻밖이었다.

"저처럼 준비되지 않은 창업을 하려면 말입니다."

정선은 '저 친구, 제법인데.' 싶어졌다.

"저는 회사를 그만두자마자 60평형 식당을 오픈해서 1년 6개월 만에 문을 닫았습니다. 호기롭게 창업을 했지만 처참하게 망가져서 문을 닫았습니다. 아파트 한 채를 날렸습니다."

정선은 현구가 고생 좀 했겠다 싶었다.

"회사의 중요한 프로젝트가 실패하면서 책임 소재를 놓고 갈등이 생겼을 때, 저는 제가 책임을 지고 퇴사를 했습니다. 아주 멋있게 퇴장을 했던 거죠."

이 말을 하며 현구가 싱긋 웃었다. 정선은 '저 녀석도 나하고 비슷했구나.' 싶은 생각에 현구와의 거리감이 사라지는 것 같았다.

"그렇게 멋지게 나왔으니 보란 듯이 성공한 모습을 보여주고 싶었습니다. 내가 국내 · 해외 신규 사업에 대한 사업성 분석에는 이골이 난 사람인데 내 사업 하나 성공을 못 시키겠나 싶은 자신감도 있었고요. 지인이 식당 프랜차이즈를 막 시작하면서 저에게 창업을 적극 권유했습니다. 좋은 자리가 나왔는데 거기서 시작을 해보라는 것이었죠. 처음 하기엔 좀 크다 싶었지만 제가 보기에도 자리가 좋았습니다. 그래서 덜컥 계약을 하고 시작을 했습니다. 종업원들과의 관계도 문제였지만 시간이 지날수록 매상이 떨어지는 것이 저를 더욱 괴롭게 했습니다. 흔히 '오픈발'이라고, 처음 점포를 열었을 때 매상이 높았던 며칠을 빼고는 매출이 점점 줄어들었습니다. 어떤 때는 60여 평 가게에 손님을 한 테이블밖에 받지 못한 날도 있었습니다."

"어휴~."

참석자들 중 한숨을 쉬는 사람도 있었다. 현구의 강의는 진솔하고 감동이 있었다. 돈만 날리고 가족들까지 고생시킨 본인의 사례로 설명을 하니 설득력도 강했다. 강의가 끝나고 책 사인회가 끝날 무렵 호준이 현구에게 인사를 했다.

"야, 강의 잘 들었다. 책 낸 것도 축하하고."

"어, 왔구나. 와줘서 고맙다."

"오늘 정선이도 같이 왔다."

"어, 오랜만이다. 나 기억나니?"

정선이 인사를 했다.

"야, 정말 반갑다. 이게 얼마 만이야. 잘 지냈지?"

현구는 정선을 만난 것이 정말 반가운 듯했다.

셋은 식당으로 자리를 옮겨 한참 이야기를 나누었다. 금세 고등학교 시절로 돌아간 느낌이 들었다.

"실패한 나를 살린 건 돈이 아닌 아내였어"

"근데 정선이는 어떻게 오게 됐어?"

현구가 물었다.

"정선이가 두 달 전에 회사를 그만뒀어. 회사를 그만둔 계기가 너랑 비슷해서 내가 같이 오자고 했지."

호준이가 설명을 했다.

"야, 오늘 강의 잘 들었다. 너한테 많이 배워야겠어."

"배우긴 뭘, 근데 너도 창업하려고?"

"아니, 일단 취업을 해야지. 이력서를 몇 군데 넣었는데 연봉이 맞지를 않아서 보고 있는 중이야."

"연봉을 좀 줄여서 가는 건 어때?"

옆에서 호준이 물었다.

"그게, 아직 집사람한테 얘기를 안 했거든. 연봉이 줄면 회사 그만둔 얘기며 저간의 사정도 얘기해야 하는데 그러기 싫어서."

"집에서 모른다고?"

"얘기하면 뭘 해. 괜히 걱정이나 하지."

현구는 정선을 말없이 바라보았다.

"그래서 너를 좀 만났으면 했어. 너는 회사 나오고 어려운 시기를 어떻게 이겨냈는지 듣고 싶어서."

"빨리 새로운 일 시작해서 보란 듯이 성공해야겠다는 생각을 했었어. 그래서 성급하게 식당을 창업했던 거고. 그때만 해도 퇴직하면 다들 창업을 했잖아."

"그랬지. 식당 창업을 하고 어려워졌을 때는 어떻게 이겨냈어?"

"아까 들었지? 하루에 한 테이블 받은 날도 있었다고. 그때 나는 얼마든지 고생을 해도 괜찮은데 같이 일하던 아내가 임대료 때문에 건물주에게 굽실거리고 고등학생이었던 딸애 학원비를 못 주는 상황이 되니까 미칠 것 같더라고. 아내가 임대료와 인건비 때문에 극심한 스트레스를 받아 병원에 입원한 적도 있어. 아내와 아이들이 힘들어하는 것은 남자로서, 가장으로서 견디기 힘들더라. 내 무능함 때문에 가족들이 이렇게 고생하는구나 싶어서. 근데 그때 날 살린 건 돈이 아니었어."

정선은 현구를 처다보았다.

"내 실패를 수용해준 아내였어."

정선은 현구의 뜻밖의 말에 멍해지는 듯했다. 아내는 현구가 돈을 벌어서 부양하는 존재일 텐데 그런 아내가 자신을 살렸다니 무슨 말인지 이해가 되지 않았다.

"무슨 말이야?"

"아내와 딸들에게 죄인처럼 느껴져서 집에도 안 들어가고 식당에서 먹고 자고 하던 어느 날, 아내가 내게 식당을 정리하자고 하더라고. '큰 손해를 봤지만 당신이 망가지는 것을 보는 것보다 그게 낫다.'고. 그 말을 듣는데 왈칵 눈물이 나더라. 창피한 줄도 모르고 아내를 잡고 그냥 울고 말았어. 아내가 너무 고맙더라고. 그 뒤에 아내가 고생을 많이 했지. 노후용으로 마련했던 아파트도 팔고 우리가 살던 아파트도 정리해서 작은 전세로 옮겼어. 그래도 빚을 다 갚을 수 있던 것이 다행이었지. 식당을 정리하고 아내는 지인의 소개로 취업을 했어. 다행히 작은애가 대학 2학년이 됐을 때 큰애가 졸업을 했고 취업이 빨리 되어서 한시름 덜었지."

"딸들은 지금 학교는 졸업했어?"

"둘 다 출가했어."

"아, 그래?"

정선은 자신의 아내를 떠올렸다. 자신은 아내에게 절대 그런 초라하고 찌질한 모습을 보이고 싶지 않았다.

"우리 종종 보자."

셋은 자리에서 일어섰다.

초라한 모습을 보이느니 죽는 게 낫다

다음 날 아침, 국립중앙도서관으로 출근을 한 정선은 피곤했다. 그러나 정신은 어느 날보다 명료한 것 같았다. 현구의 얘기가 귓가에서 떠나질 않았다.

"내가 힘들 때 나를 살린 건 돈이 아니었어, 아내였어."

정선은 현구를 또 만나고 싶었다. '어제 만났는데 오늘도 보고 싶은 건 뭐지? 지난번 제주에서도 그러더니 내가 뭐가 이상해졌나?' 정선은 또 머리를 흔들어 낯선 감정을 없애버리고 IT 전문가 취업 사이트를 검색했다. 이력서를 보낼 곳에 보내고 뉴스를 검색하다가 2015년 1월 사람들을 놀라게 했던 〈서초동 가장 일가족 살해〉에 관한 기사를 보게 되었다. 이 사건은 명문 대학을 나오고 서초동에서 살고 있던 40대 가장이 실직 후 아내와 두 딸을 살해한 사건이었다. 아내와 아이들을 죽일 만큼 경제적인 상황이 나쁘지 않았던 것으로 밝혀지면서 심리적인 면에서의 분석이 유난히 많았던 사건이었다.

기사를 보고 나니 정선은 남의 얘기 같지가 않았다. 가장으로서 그가 느꼈을 압박감이 느껴졌다. 아내에게 말을 못하고 있는 자신의 현실이 두려워졌다. 당장이라도 현구를 만나야겠다는 생각이 더 들었다.

그날 저녁 정선은 술잔을 앞에 두고 현구와 마주 앉았다.

"오늘 기사를 보다가 서초동 세 모녀 살인 사건 기사를 다시 읽게 됐는데, 남 얘기 같지 않더라고. 네가 어려울 때 돈이 아니라 아내가 널 살렸다고 했던 말이 자꾸 생각났어."

"그래서 날 보자고 했구나. 그래 잘했어."

정선은 현구가 자기 마음을 알아주니 편해졌다. 그동안 소식도 잘 모르던 친구가 연달아 만나자고 해서 부담스러워하면 어쩌나 내심 신경이 쓰였던 터다.

"젊었을 때는 남자가 큰소리를 쳐도 나이가 들면 여자들이 더 힘이 세지는 것 같아. 회사를 그만두고 아내한테 많이 의지하게 되더라고. 그래서 아내하고 평소에 편하게 얘기할 수 있는 게 참 중요한 것 같아."

현구가 조심스레 말했다.

"그런데 나는 아직까지는 아내를 의지하면서 살고 싶지는 않거든. 곧 취직해서 아내에게 월급을 가져다줄 수 있으면 되는 거 아냐?"

정선이 말했다.

"그래, 남자라면 그렇게 생각하는 것이 당연하겠지. 그런데 월급도 가져다주면서 아내하고 편하게 얘기할 수 있는 관계가 되면 더 좋은 거 같아."

현구의 말에 정선은 멍해졌다. 편한 관계라는 말이 낯설었다. 어렸을 때 아버지는 엄마에게 명령을 하고 엄마는 아무 말 없이 참고 사셨다. 그런데 지금은 시대가 변해서 아내 눈치를 봐야 하는 게 정선은 몹시 못마땅했다. '내가 월급을 가져다주면 아내는 살림을 하고 내 비위를 맞춰야 되는 것 아닌가.'라고 생각했다. 그러니 편하게 얘기하는 것이라 함은 자신이 하는 말에 아내가 따라주는 것이 되어야 한다는 생각이었다. '이 녀석은 무슨 말을 하는 거야? 저는 그러고 있다는 거야?'

"너는 어때?"

현구에게 따지듯이 물었다.

"나도 회사 정리하기 전까지는 아내하고 얘기할 시간도 없었어. 식당 시작하고 나서 함께 있는 시간이 많아지니까 자연스레 이 얘기 저 얘기 하기 시작했지. 근데 식당이 어려워지니까 또 얘기하기가 싫어지더라. 아내가 무서운 거야. 하하. 사실 그때 아내와 딸들이 제일 어렵더라고. 너도 지금 아내에게 네 상황을 얘기하지 못하는 게 비슷한 이유 아닐까?"

'내가 아내를 무서워하다니 말도 안 돼!'

머리로는 그렇게 생각했지만, 아내에게 얘기하는 것을 힘들어하는 자신의 마음이 느껴졌다. 정선은 머리를 흔들었다.

"근데 아내가 내 어려움을 이해해주니까 힘이 나더라."

현구가 말을 이었다.

"내가 식당에서 먹고 잘 때, 그때는 하루하루 까먹는 돈이 얼마인지에 온 신경을 쓰면서 피가 말랐어. 어떻게 해서든지 까먹은 돈을 회수하고 싶은데 방법이 보이지 않는 거야. 근데 지난번에도 얘기했던 것처럼 아내가 식당 정리를 하자는 거야. 그 얘긴 우리가 입은 손해를 그냥 감수하자는 얘기잖아. 내가 실패한 걸 받아들인다는 얘기인 거잖아. 그리고 거기서 파생되는 손실과 앞으로의 고생을 감당하겠다는 얘기잖아. 그게 너무 고맙더라고."

"……."

정선은 아무런 말도 하지 못했다. '아내도 나에게 그렇게 해줄 수 있을까?' 자신이 서지 않았다.

"정선아, 너도 어렵겠지만 아내한테 얘기를 하고 같이 방법을 찾아봐. 사실, 이젠 평균수명이 길어져서 5~6년의 차이는 있지만 누구나 우리 같은 상황에 맞닥뜨릴 수 있어. 바로 직장을 구하는 것도 좋지만 제2의 인생을 위해서 좀 길게 보고 준비할 생각도 해봐. 나도 식당 정리하고 아는 분께 코칭을 받았어. 나에 대해서, 일에 대해서 많은 생각을 하는 계기가 되더라. 그래서 나처럼 준비 없이 창업하면 안 된다는 내용을 책으로 쓰고 내 경험을 살려서 창업 컨설팅을 하게 된 거야."

"그렇게 된 거구나."

"그래, 실패 경험도 자산이 되더라고. 학교 다닐 때도 안 했던 공부를 사업 망하고 엄청 열심히 했다. 그리고 요즘 실비로 우리 같은 중장년층을 위해 자치단체나 정부기관에서 운영하는 교육 프로그램이 많아. 경영지도사에 도전하겠다는 생각도 같이 교육을 받던 사람들 덕분이었어. 창업 컨설팅을 해도 국가 자격증이 있으면 정부로부터 지원을 받는 일이 많거든. 처음에는 다른 일을 하면서 준비했는데 어렵더라고. 재수를 하는 기간에는 공부에만 전념했고 아내와 딸들이 생활비를 책임졌어."

"그래서 경영지도사를 딴 거야?"

"그래, 재수 끝에 땄지."

"넌 제2의 인생길을 잘 잡은 것 같구나."

"너도 어렵겠지만 더 안정적인 제2의 인생을 준비해보는 건 어때? 그런데 그건 가족의 협력이 없으면 어렵잖아."

정선은 현구의 진심 어린 충고가 고마웠다. 그러나 여전히 집에 가서 얘기할 엄두는 나지 않았다. 아내 앞에서 자신의 초라한 모습을 보이기 싫었다. 그런 모습을 보이면 자기가 무너질 것 같았다. 그러느니 죽는 편이 낫다는 생각이 들었다.

뭔가를 보여줄 마지막 기회

"박 부장님, 안녕하세요?"

점심식사 후 차 한 잔 하고 있는데 이전 회사의 김 과장이 연락을 해왔다.

"어, 김 과장, 오랜만이야. 잘 지내지?"

정선은 김 과장이 반갑기도 하고 아직까지 새로운 직장을 구하지 못한 자신이 부끄럽기도 한 복잡한 마음이 됐다.

"저, 아직 가실 회사 찾고 계신 거죠? 제 친구네 회사에서 임원진을 뽑는데 부장님 한번 가보시면 어떨까 해서요."

"그래? 어떤 회사인데?"

"제가 자세한 내용 이메일로 보내겠습니다."

"어, 그래 고마워. 조만간 한번 보자고."

김 과장 친구네 회사는 중견 IT 업체였다. 그 정도면 정선의 급여도 맞출 수 있는 곳이었다. 이력서를 보냈고 연락이 와서 면접을 보러 갔다.

"저희 회사가 이번에 사물인터넷 기반의 스마트팜 신규 사업본부를 신설하면서 본부를 책임질 본부장을 찾고 있는데, 박정선 씨는 저희가 딱 찾던 분입니다. 그런데 한 가지, 지방에서 근무를 해야 하는데 괜찮으시겠습니까?"

"어디에서 근무를 하게 되나요?"

"세종시가 될 예정입니다."

"아, 그렇군요. 생각을 좀 하고 답변을 드리겠습니다."

정선은 며칠을 고민했다. 현구에게 의논을 할까 하다가 '회사도 탄탄하고 첨단 사업을 진행하는 데다 본부장 대우에 급여도 맞는데 무슨 고민이냐, 배부른 생각이지.'라는 생각이 들었다.

"저, 며칠 전 인터뷰를 했던 박정선입니다. 한번 해보겠습니다."

"아, 잘 생각하셨습니다. 내일 사무실에 오셔서 자세한 얘기 나누기로 하시지요."

정선은 다음 날 새 회사로 가서 사업본부에 대한 브리핑을 들었고 구체적인 입사 조건을 조율했다. 지방 근무인 것만 빼고는 업무 재량권도 넓고 급여도 많았다. 단, 계약 기간이 3년이었다.

정선은 미팅을 마치고 일찍 집에 들어갔다. 데면데면 쳐다보는 아내에게 말을 했다.

"이리 좀 와봐, 할 말이 있어."

아내는 긴장하는 빛이 역력하다.

"나, 지방에서 근무하게 됐어."

"아니, 왜? 회사에서 무슨 일 있었어?"

"사실은 나, 회사 퇴직했고 새 회사로 가기로 했어. 근데 지방에서 근무를 해야 해."

아내는 남편에게 큰 변화가 일어나고 있는 것에 놀라워했다.

"언제 퇴직한 건데?"

"3개월 돼가."

"그동안 출근했었잖아. 그럼 어디로 갔던 거야?"

"그냥 여기저기 다녔어."

"새로 나갈 회사는 언제부터 출근하는데?"

"다음 주부터야."

"어디로?"

"이번 한 달 정도는 본사로 출근하다가 다음 달부터 세종시로 가게될 거야."

"혼자 살려면 필요한 것이 한두 가지가 아닌데……."

"회사에서 직원용 오피스텔을 마련해놓아서 옷가지만 가지고 가면 돼."

아내는 남편의 변화에 놀랍기도 하고 서운하기도 할 텐데 아무 말도 하지 않았다. 정선도 그동안 괴로웠던 자신의 마음에 대해서 얘기하지 않았다. 마치 회사에서 업무 얘기를 하듯 서로 필요한 얘기만 주고받았다.

정선은 이번이 자신의 인생에서 뭔가를 보여줄 마지막 기회라 생각했다. 세 달을 쉬다가 일을 시작하니 일을 하게 된 것만으로도 신이 났다. 한 달간 본사로 출근하며 신규 사업 내용을 파악했고 함께 세종시로 내려갈 인력을 충원했다. 본사에서 합류할 직원 외에 정선이 뽑은 직원들은 정선처럼 3년의 한시직이었다. 이번 사업이 성공하면 정규직이 될 터였다.

세종시로 내려온 정선은 밤낮을 가리지 않고 일했다. 어차피 오피스텔에 가도 별 할 일도 없는 정선과 직원들은 회사에서 늦은 밤까지 일을 했다. 정선이 궂은일도 마다하지 않고 솔선수범하면서 밤낮없이 일을 하니 직원들도 잘 따랐다. 끈끈한 팀워크로 중요한 과제였던 작물 생산 농가 및 생산 회사, 통신 협력 회사, 정부기관, 농업 관련 기관과의 업무 제휴 등이 얼추 끝나가고 있었다. 이제 세팅한 것이 제대로 진행되는지 체크하고 문제점이 생기면 바로바로 피드백을 해서 스마트팜의 모델을 만드는 것이 정선의 일이다.

본사에서는 미국에서 MBA를 취득하고 영입되어 온 부사장이 스마트팜 사업을 주도하고 있었다. 그는 완벽하게 일하는 사람으로 소문이

남자의 후반전

나 있었다. 정선은 일을 하며 본사 부사장과 자신이 스마트팜 사업의 핵심을 보는 생각이 조금 다르다는 것을 알게 되었다.

얼마 전 세종시 직원들과 몇 달을 준비한 사업 계획을 본사에서 처음 발표하는 자리에서였다. 발표를 듣고 있던 부사장의 얼굴이 어두워졌다. 정선은 발표를 하면서도 신경이 쓰였다.

"박 본부장님! 지금 생산 농가와의 업무 제휴보다 중요한 것이 정부 지원입니다. 준비하느라 수고하셨지만 지금 사업 계획은 방향이 잘못 잡혔습니다. 정부의 지원을 받을 수 있는 쪽으로 사업 계획을 다시 잡아보세요."

부사장의 말에 프레젠테이션장은 얼음을 끼얹은 듯했다. 정선은 얼굴이 화끈거리고 가슴이 두근거렸다. 몇 달 동안 노력한 것이 헛수고라고 하는 것 같았다. 정선은 함께 수고한 직원들의 얼굴을 보기도 미안했다. 직원들은 자신이 잡은 방향대로 준비를 해온 것이었기 때문이다. 정선은 생산 농가와의 탄탄한 업무 제휴가 정부 지원을 이끌어내는 일등 공신이 될 거라고 생각했다. 이것이 다른 업체들과의 차별점도 될 것이라 생각했는데 부사장은 그것을 보지 못하는 것 같았다. 국내 사정도 제대로 모르면서 아는 척한다는 생각이 들었다.

"부사장님, 저는 궁극적으로 정부 지원을 받는 가장 좋은 방법이 생산 농가와의 업무 제휴라고 생각합니다. 생산 농가와 탄탄한 업무 제휴가 되어 있으면 정부도 농촌과 우리 농업 살리기의 명분을 세울 수 있어 우리를 지원하는 데 유리한 점이 될 것이라 생각합니다."

"탄탄한 업무 제휴 좋지요. 그러나 그 작업은 시간이 너무 오래 걸려요. 우리는 1~2년 안에 가시적인 성과를 내야 합니다. 그리고 아무리 탄탄한 업무 제휴라 생각해도 다른 업체가 훨씬 더 좋은 조건을 제시하면 농가는 바로 옮겨 갈 겁니다. 거기에 대한 대책은 있습니까?"

정선은 몇 가지 더 말하고 싶은 것이 있었으나 꾹 참았다. 부사장이 이쪽 일을 자신보다 모른다는 생각은 여전했지만 어쨌거나 누가 봐도 무조건 좋다고 얘기할 만한 프레젠테이션을 하지 못한 것이 부끄러웠다. 자신이 일 하나는 정말 잘한다고 생각했는데 처음 발표하는 자리에서 이렇게 인정을 받지 못한 것이 몹시 괴로웠다. 세종시에서의 생활이 끝날 것 같은 두려움도 들었다.

"본부장님, 저희가 다시 사업 계획서 작성하겠습니다. 지금의 계획서에서 조금 수정하면 됩니다. 너무 염려하지 마세요."

세종시 직원들은 정선의 마음을 다독였다.

잠자리에 실패하다

정선은 직원들과 식사를 하고 오랜만에 집에 들렀다. 집에서 잠을 자고 다음 날 일찍 내려갈 생각이었다. 첫 달에는 너무 바빠 집에도 올라가지 못했다. 아내가 옷가지와 밑반찬을 챙겨서 내려왔었고 둘째 달에는 아내와 딸이 함께 다녀갔다. 고3인 아들은 학원과 과외 때문에 하루

남자의 후반전

도 시간을 내기 어렵다고 했다.

아내는 오랜만에 보는 정선을 반가워했다.

"애들은?"

"아직 안 왔어."

"나 온다고 얘기 안 했어?"

"혜진이는 팀플 발표 때문에 늦는다고 했고, 영준이는 학원 갔어."

정선은 좀 서운했다. 아이들이 자신을 보고 싶어 하지 않는 것만 같았다. 집 안은 자신이 있을 때보다 더 잘 정돈되어 있고 아내도 더 활기차 보였다. '내가 없어도 아무런 문제가 없구나.' 자신은 돈만 벌어다 주면 되는 사람이었다.

그날 밤, 정선은 발기가 되지 않았다. 정선은 당황했다. 가끔 너무 피곤하거나 술을 많이 마시면 그런 일이 있긴 했지만 오늘은 딱히 이유를 모르겠다는 생각이 들었다.

"어, 왜 이러지. 여보! 오늘은 안 되겠어."

"당신, 새로 일을 맡아서 너무 열심히 했나 봐. 푹 자요."

위로해주는 아내가 고마웠다. 그러나 정선은 잠을 이루기 힘들었다. 다음 날 세종시로 내려와 점심시간을 이용해 비뇨기과를 찾았다.

"신체적으로는 아무런 문제가 없습니다. 중년에 접어들면서 기능이 서서히 퇴화하기는 하지만 지금은 심인성[1]인 것 같습니다."

---

[1] 증상·질병의 원인이 기질적인 것이 아닌 정신 혹은 심리적 요인에 의한 현상을 말한다. 신체적 증후는 특히 소화성 궤양, 심장 장애, 비뇨생식 장애, 알레르기, 호흡 장애 및 편두통 등이 있다. (『교육심리학용어사전』, 학지사, 2001)

의사가 별일 아니라는 얼굴로 정선에게 말했다.

"아, 그러면 무슨 문제가 있는 건 아니라는 거죠?"

"네, 기능적으로는 아무 문제가 없습니다. 이런 일은 종종 있습니다. 정신적으로 너무 긴장하거나 충격을 받았을 때, 이런 일들이 일어납니다. 최근에 무슨 충격 받은 일이 있으세요?"

의사의 말에 정선에게 언뜻 스치는 장면이 있었다. 어제 프레젠테이션을 하고 난 뒤 힘들던 자신의 모습과 전날 밤 집에서 '우리 집은 내가 없어도 아무런 문제가 없구나.'라는 생각을 했던 장면이었다.

"오늘 처방해드리는 약 드시고 다음에 또 문제가 있으면 오세요."

다음 주, 정선은 출장 계획을 잡아 평일에 다시 집으로 갔다. 하루 종일 바빠서 아내에게 연락도 하지 못하고 바로 집으로 갔다. 아무도 없었다. 아내에게 전화를 했다.

"나 집에 왔는데 아무도 없네."

"연락도 없이 웬일이에요? 나 모임 있어서 나와 있는데 들어갈게."

아내는 금방 들어왔다.

"집에 술 좀 있어?"

아내는 술상을 차렸다.

"당신이나 애들은 어떻게 지내?"

"우리는 잘 지내지. 영준이는 수능이 얼마 안 남아서인지 신경이 예민해. 나는 당신이 없으니 아무래도 시간이 여유가 생겨서 이것저것 배우러 다녀."

"뭘 배우는데?"

"수채화도 배우고 운동도 하고…….."

"내가 진작 없어질 걸 그랬나? 허허."

정선이 헛웃음을 지었다.

"당신 취했나 보네. 별소리를 다 한다. 얼른 들어가서 자요. 내일 일찍 가야 하잖아."

아내가 정선을 부축했다. 방으로 들어온 정선은 아내를 끌어당겼다. 아내는 "어어~. 왜 이래?" 하면서도 품에 안겼다. 그런데 또 실패였다. 정선은 술이 확 깨는 것 같았다. 가슴이 쿵 내려앉는 것 같았고 아내에게 부끄러웠다.

"여보, 당신 병원에 가보는 게 어때?"

아내는 정선에게 문제가 생겼다고 판단하는 것 같았다. 이미 병원에 갔다는 얘기를 할 수가 없었다.

"어, 그래. 그래야겠네."

정선은 수치심에 몹시 괴로웠다. 잠을 이룰 수가 없었다.

가끔씩 생각나는 그녀

정선은 다음 날 조금 일찍 퇴근을 해서 다시 비뇨기과에 갔다.

"지난번에는 피곤해서 그러려니 했는데 이번에 또 그런 일이 생겼어요. 뭐가 문제일까요?"

"글쎄요. 여전히 문제가 없습니다. 심인성인 것 같으니 정신과 상담을 받아보시는 것은 어떨까요?"

"제게 무슨 정신적인 문제가 있다는 건가요?"

"중년의 남성들에게서 흔히 나타나는 현상인데 별것 아닐 수도 있습니다."

정선은 비뇨기과를 나와 한참을 혼자 걸었다. 바로 오피스텔로 돌아가고 싶지 않았다. 그렇게 걷다가 눈에 띄는 깔끔해 보이는 바^{Bar}에 들어갔다. 처음엔 맥주를 마시다 보드카를 주문했다.

다음 날 아침, 정선은 머리가 깨질 듯 아픈 상태로 일어나 출근을 했다. 어젯밤 폭음을 했던 것 같은데 집에 어떻게 돌아왔는지 기억이 나질 않았다. 오후에 정선의 휴대전화에 모르는 번호가 떴다.

"안녕하세요? 몸은 좀 어떠세요?"

처음 듣는 여자의 목소리였다. 바의 여사장이었다. 어제 술이 하도 많이 취해서 그쪽 직원이 정선을 집까지 데려다줬다고 한다.

"아니, 제 연락처와 저희 집을 어떻게 알고?"

"술 취하신 중에도 명함도 주시고 집도 가르쳐주셨죠."

정선은 허둥지둥 전화를 끊었다.

'내가 어제 무슨 일을 벌인 거야?'

정선은 며칠 뒤 그 바로 갔다.

"어머, 어서 오세요. 영 안 오시나 했는데……."

상술인지 성격인지 모르겠지만 바의 여사장은 상냥하고 부드러운 어조로 말을 했다.

"네, 곧 저희 직원들이랑 한번 오겠습니다."

정선은 며칠 뒤 회식 때 2차로 직원들을 데리고 바에 갔다.

"본부장님, 이렇게 좋은 곳을 혼자 알고 계셨던 거예요?"

"어, 어쩌다가 알게 된 거야."

"저희 사장님 서비스입니다."

정선을 집에 바래다줬다는 박 군이 과일 안주를 내왔다.

그 뒤 정선은 가끔씩 여사장이 생각났다. 특히나 부드러운 목소리가 귀에 울렸다. '이런 여자랑 연애 한번 해보고 싶다.'는 생각이 들었다. 정선은 자신의 생각에 소스라치게 놀랐다. 20대 때 연애를 하긴 했는데 남들처럼 죽고 못 사는 연애는 아니었다. 아내와는 중매로 만나 잠깐 사귀다 결혼을 했다. 아내는 무난한 사람이었다. 30대 때는 룸살롱을 다니며 2차를 간 적도 있었다. 그러나 40대 이후에는 그런 일이 싫어졌고 어쩔 수 없는 경우가 아닌 한 2차를 가지 않았다. 가더라도 돈만 쥐여주고 그대로 돌아왔다. 하지만 동료 여직원이나 업계 여자들 중 마음이 가는 사람들이 있었고 해외 출장길에 연애 비슷한 경험을 하기도 했다. 정선은 그날도 바에 갔다. 정선은 스탠드에 홀로 앉아 술을 마시며 여사장을 보았다. 여사장이 환하게 웃어주자 마음이 흔들렸다.

'이러다가 사고 치겠네. 내가 요즘 왜 이러지?'

그때 불현듯 현구가 생각났다. '그래, 현구더러 한번 보자고 해야겠다.'

가족에게 돈 벌어다 주는 기계

———

다음 날 정선은 현구에게 전화를 했다.

"현구야, 나 정선이다."

"어 그래, 오랜만이다. 잘 지내지? 너 세종시에 갔다는 얘기 들었어."

"급하게 결정되는 바람에 너한테 얘기도 못하고 내려왔다."

"안 그래도 나 내일 세종시에서 강의가 있어. 4시에 끝나는데."

"어 그래? 잘됐네, 강의 끝나고 우리 사무실로 와라."

"그래. 내일 보자."

전화를 끊은 정선은 여기까지 와서 자기를 보고 가겠다는 현구가 참 고마웠다. 다음 날 퇴근 무렵 현구가 왔다.

"어서 와, 여기까지 찾아와주고 고맙다."

"강의하러 온 김에 온 건데 뭘. 새로 시작한 일은 어때?"

"농업에 IT 기술을 접목하는 일이라 아직 실험 단계야. 지금은 규모가 있는 농작물 회사와 통신업체, 정부기관과의 협조가 중요하지."

정선은 일에 푹 빠진 모습으로 스마트팜의 사업 비전을 설명했다.

"네가 경력을 살려서 열심히 일하고 있는 걸 보니 좋다."

"이거 뭐, 내 일 얘기를 하자고 널 보려고 했던 건 아닌데…… 저녁 먹으러 나가자."

둘은 저녁을 먹고 자리를 옮겼다. 정선이 들어가자 여사장과 박 군이 반갑게 인사를 했다. 둘은 조용한 자리로 갔다.

"혼자 지내서 불편한 점이 많지?"

현구가 정선에게 이것저것 물었다.

"그동안 늦게까지 일하다가 집에 들어가면 곯아떨어져서 혼자 사는 어려움을 못 느꼈던 것 같아. 이제 한숨 돌리고 나니 오피스텔에 들어가기가 싫어지네."

"집에는 자주 가?"

"바빠서 몇 번 못 갔어. 집안일은 애들 엄마가 다 알아서 하고 애들은 나 없어도 잘들 지내니까."

"우리 나이 때면 다들 그런 것 같아."

"내가 없는데 우리 집은 아무 문제가 없이 잘 돌아가는 거야. 아들 녀석 본 지가 언제인지 몰라. 내가 필요한 건 돈 때문이라는 생각이 들더라. 내가 돈 벌어다 주는 기계 같아."

정선이 쓸쓸해하며 얘기를 했다.

"그래, 중년 남자들 집에서 왕따당하는 사람들 많아. 집에 들어가면 가족들이 하던 얘기도 멈추고 각자 방으로 들어가 버린다잖아."

"그러니까 말이야. 젊을 때는 몰랐는데 나이가 먹어서 그런지 서운하더라고."

말을 하다 보니 정선은 더욱더 외로워졌다.

내가 왜 이러지?

———

"아내하고는 어때?"

정선은 화들짝 놀랐다. '아니 이 친구가 그 일을 아는 건가?' 말도 안 되는 생각이었다.

"뭐가 어떠냐는 거야?"

"아내하고 사이는 어떠냐고? 회사 그만둔 얘기도 하기 힘들어했었잖아. 사실 아내하고 이런저런 얘기를 할 수 있으면 좀 낫잖아."

"글쎄, 난 아내하고 사이가 나쁘다고는 생각하지 않는데 속 얘기는 잘 안 하게 돼. 너는 어때?"

"난 이미 아내에게 바닥을 보였으니 못할 얘기가 없지. 내가 경영지도사 공부할 때 돈벌이를 전혀 못했잖아. 그래서 집안일은 내가 다 했어. 청소도 하고 식사 준비도 했는데, 내가 요리 솜씨가 좀 있거든. 식구들 저녁을 맛있게 해놓고 있었지. 근데 애들이 내가 그렇게 해주는 것을 아주 좋아하더라. 내가 끓인 김치찌개가 엄마 것보다 맛있다고 하면서."

정선은 현구를 보며 웃었다. 앞치마를 하고 김치찌개를 끓이는 현구의 모습이 그려졌다.

"넌 성격이 원래 그랬니?"

"무슨 말이야?"

"아, 좀 여성스러운 면이 있는 것 같아서. 하하하."

"내가 그런 면이 좀 있지. 막내아들이라 그런지 딸 같은 데가 있다는 소리를 듣긴 했다. 하하. 그런데 여자들은 나 같은 사람을 편안해해. 어이쿠, 이거 내 자랑이 되어버렸네."

'그래, 이 친구는 참 편하다.' 정선은 현구를 바라보며 자기 속마음을 털어놓고 싶었다.

"전 직장을 그만두고 난 뒤에는 자꾸 이상한 기분이 들어. 나는 그동안 뭐 한 건지, 가정에서 내 위치는 뭔지, 사는 게 뭔지 자주 그런 생각이 들면서 마음이 쓸쓸해지는 거야. 몸도 이전 같지 않은데. 뭔지 모르게 마음이 심란해."

"우리 나이가 되면 그런 걸 느끼게 되는 것 같아. 직장에 남아 있을 시간도 길지 않고 살아온 날보다 살날이 적은 것 같고. '내 인생은 뭐였나?' 그런 생각을 하게 되지. 여자만 갱년기가 있는 게 아니라 남자도 갱년기가 있다는데 너도 그런 건지 모르겠다."

"너도 그래?"

"그럼, 나는 너보다 좀 일찍 겪었지. 식당 그만두고 다시 할 일을 찾을 때 매일 그런 생각을 했지. 코칭도 받고 신앙생활도 하면서 마음을 다스리고 시행착오도 겪었어. 우리 나이가 되면 가치관이 좀 변해야 하는 것 같아. 이전에는 앞만 보고 달렸다면 지금은 속도도 줄이고 옆도 보고 뭣보다도 사람을 얻는 방향으로 살아가야 한다는 생각이 들어."

"네 말 들으니 득도한 사람 같다."

"하하, 놀리지 마라. 어려울 때 나를 살린 건 돈이 아니라고 했잖아. 아내였고 가족이었어. 남자로서 자존심 상할 수도 있는 상황이었는데 가족들이 내가 조금 노력해서 해주는 것을 좋아하고 행복해하니까 견딜 수 있었어. 우리는 매 순간 선택을 하며 살잖아. 그때 계속 그런 질문을 해. '내가 하는 이 선택이 사람을 얻게 하는 선택인가?'라는."

'멋진 놈이구먼.' 정선은 자기도 모르게 그런 생각을 했다.

"어, 벌써 시간이 이렇게 됐네. 일어서야겠다."

현구가 시간을 보더니 서둘렀다.

"어 그래, 늦었다. 오늘 여기까지 와주고 고맙다. 서울 올라갈 일 있을 때 연락할게."

"그래 종종 보자."

둘은 자리에서 일어났다. '아마도 회사를 그만두기 전이라면 이 친구하고 이렇게 시간을 보내지 않았을 거야. 그때라면 이런 얘기가 귀에 들어오지도 않았을 거고. 내가 요즘 진짜 이상해지긴 이상해졌어.' 정선은 자신의 인생에 대해 모든 것이 낯설어지는 기분이 들었다.

다음 날 바쁜 업무 처리가 끝나자 현구가 생각났다. 또 현구를 만나 얘기를 하고 싶었다. 그런 생각을 하고 있는데 여직원이 들어왔다.

"본부장님, 어디 아프세요? 안색이 안 좋으시네요. 약 사다 드릴까요?"

여직원이 걱정스러운 표정을 지으며 얘기를 하는데 너무 예뻐 보였다. 정선은 자기도 모르게 여직원의 손을 잡고 만지작거렸다.

"본부장님, 왜 이러세요?"

여직원은 손을 빼며 뛰쳐나갔다. 정선은 스스로의 행동에 놀랐다. '내가 왜 이러지? 내가 무슨 짓을 한 거야?' 정선은 누군가 자신에게 따뜻하게 대해주면 그리로 마음이 쏠렸다. 마치 마음에 커다란 구멍이 있는데, 그 구멍은 자신을 따뜻하게 대하는 사람들과 만날 때만 채워지는 것 같았다. 정선은 이런 기분이 고통스러웠다. 자신 안에서 일어나는 변화가 생소하고 힘들었다.

다음 날 여직원은 정선과 눈을 마주치지 않았다. 정선은 여직원에게 어제 실수해서 미안하다고, 다른 생각을 하고 있다가 부지불식간에 그런 것이니 이해해달라고 문자를 보냈다. 여직원에게서는 답장이 없었다.

'이러다 큰일 나겠다. 지난번 비뇨기과 의사도 심인성이라며 상담을 받아보라고 했지? 상담을 한번 받아봐야겠다.'

남자의 후반전

존재적 삶을
시작하다

중년 남성이라면 누구나 겪는 문제

―

"어서 오세요. 잘 오셨네요. 이리로 앉으시지요."

나는 어색한 듯 상담실을 들어서는 정선 씨에게 자리를 안내했다.

"제게서 어떤 도움을 받길 원하시나요?"

정선 씨는 잠시 머뭇거리다가 나를 찾아온 용건을 얘기했다.

"요즘 제가 이상한 것 같아요. 이전에는 느끼지 못했던 것들이 느껴지고 뭔가 이상하고 지금까지 내가 살아온 삶이 무엇인가 하는 생각도 들고 조금 복잡해요."

"네, 요즘 자신이 이상해진 것 같다고 생각하시는군요. 최근에 무슨 변화가 있었나요?"

"네, 변화가 있었죠. 오래 다녔던 회사를 그만두고 지방에서 일을 시작한 지 서너 달 됐습니다."

"사회생활에 커다란 변화가 있었군요. 그럼 이전과 달라진 것들도 많겠네요. 그런데 어떤 것들이 이상해졌다고 느끼시는 건가요?"

"뭔가 그전과 다른 것 같아요. 집에 가도 내 자리가 없는 것 같고 나 없이도 집이 잘 돌아가는 것 같고 집에는 돈만 가져다주면 될 것 같은 마음이 들면서 내가 돈 버는 기계 같기도 하고……. 아내와 잠자리도 잘 안돼요. 일하는 곳에 가끔씩 가는 바가 있는데 그 바 주인에게 마음도 끌리고……. 다른 사람들도 이런 문제를 겪나요? 다른 사람들은 다 잘 사는데 나만 그런 것 같기도 하고요……."

정선 씨는 한꺼번에 자신이 겪고 있는 문제를 쏟아놓았다. 얘기를 하면서 내 반응을 살피고 약간은 걱정스러운 듯한 표정을 짓기도 했다.

나는 정선 씨의 주요 문제들을 다루기 전에 먼저 정선 씨가 자신만이 이러한 문제를 겪는 사람이 아님을 알게 해주고 싶었다.

"자신이 겪고 있는 문제를 요약해서 핵심을 잘 말씀해주셨네요. 많은 중년 남자들이 이러한 문제를 겪고 있어요. 정선 씨가 겪고 있는 문제는 보편적인 문제고 많은 사람들이 비슷한 문제를 호소하고 있지요."

정선 씨는 내 말을 듣고 다소 안심하는 듯했지만 다시 한 번 확인하고 싶어 했다.

남자의 후반전

"그래도 혹시 나만 정도가 더 심한 것은 아닌가요?"

"말씀하신 것처럼 사람마다 정도는 다 다릅니다. 제 경험으로 볼 때 정선 씨는 많은 중년 남성들이 겪는 정도의 문제를 겪고 있는 것 같습니다."

"그래도 내 문제는 심각한데……."

정선 씨는 중얼거리듯 말을 했다.

많은 내담자들이 다른 사람들도 자신과 같은 문제로 고민하고 있다고 하면 안심을 하면서도 자신의 문제가 가장 크고 심각하다고 생각한다. 사실 정선 씨는 대한민국의 전형적인 중년 남자다. 열심히 일하는 것이 가족들을 사랑하는 행위라고 생각하면서 열심히 일하다가 중년이 되어 회사에서 떨려나고 실직을 한다. 그 과정에서 자신이 겪는 아픔을 아내나 가족에게 말하지 못하는 것이 전형적인 중년 남성의 모습이다.

"사실 뭐가 뭔지 잘 모르겠어요. 나는 열심히 살았는데 회사에서는 나를 밀어내고 집에 가도 아내와의 관계, 아이들과의 관계가 어려워요."

정선 씨는 신세타령하듯 얘기를 했다. 나는 정선 씨에게 위로와 격려가 필요하다고 느꼈다.

"상담실을 찾아온 행위는 참으로 용기 있는 행동입니다. 자신이 무엇이 잘못되었는지 알기 위해서는 자신의 마음과 맞닥뜨려야 하기 때문입니다. 성경에 '성을 빼앗기보다 자신의 마음을 다스리기가 더 어렵다.'는 말이 있습니다. 옛날에 전쟁을 할 때 성을 빼앗는 것이 얼마나 어려운 일이었는지 아시죠? 요즘으로 치자면 기업 간의 경쟁에서 이기는 것과 비슷할 겁니다. 그런데 마음을 다스리는 일은 성을 빼앗는 일보다 더 어려운 일이라는 겁니다. 자신의 마음을 들여다보고 직면하는 일은 정말로 어려운 일인데, 정선 씨는 그 일을 하려고 저를 찾아오셨습니다. 이런 힘이 어디서 왔을까요?"

"네?"

정선 씨는 당황스러워했다. 자신의 문제에 함몰되어 나를 찾아왔지, 자신에게 힘이 있어 나를 찾아왔다는 생각은 하지 못했기 때문이다.

"제가 상담실을 찾아온 데 대해 용기 있는 사람이라고 해주시니 좀 놀랍네요!"

사실 자신의 마음을 들여다보는 행위는 힘이 있어야 가능한 일이다. 정선 씨가 자신의 마음의 소리를 듣고 상담실까지 찾아온 행동은 그만큼 열심히 산 사람이었기 때문에 가능한 일이었다. 열심히 산 사람들은 방향만 바꾸어주면 또 그쪽으로 열심히 살 수 있는 사람들이다. 나는 정선 씨에게 "그동안 가족을 위해서 열심히 봉사를 한 삶에 대해 자부심을 느껴도 된다. 피 같은 돈을 가족에게 벌어다 주기 위해 열심히 산 삶에 대해 인정받고 존중받을 자격이 충분히 있다. 정선 씨의 아내도 이런 점을 모르는 것 같지는 않다. 그래서 정선 씨가 세종시로 내려가서 일을 하다가 집에 들어오면 잘해주려고 노력을 하고 있는 것 같다."고 얘기해 주었다. 내가 이런 설명을 하자 정선 씨의 얼굴이 환해졌다.

"이런 일로 칭찬을 받을 줄은 생각도 못했네요."

"네, 충분히 자부심을 느낄 만한 인생을 살아오셨습니다."

일로 자신의 존재를 증명하며 살다

"그러면 내 문제는 뭐죠?"

정선 씨는 단도직입적으로 말을 이어갔다.

수십 년간 문제를 해결하면서 살아온 삶이 반영된 질문이었다. 이런 경우에는 단도직입적으로 설명을 해주는 상담이 필요하다. 나는 정선 씨가 어떻게 살아왔는지, 그리고 그것이 무엇을 의미하는지를 알려주었다.

정선 씨는 일 지향적인 사람이다. 모든 것을 일에서의 성공으로 해결하고 살아가는 삶을 일 지향적 삶이라고 한다. 마음을 나누면서 사는 삶이 아니라 일로 자신의 존재를 증명하고 괜찮은 사람임을 증명하고자 하는 삶이 곧 일 지향적 삶이다. 정선 씨는 회사생활이나 가족생활을 하는 내내 이런 삶을 살았다. 미국에 출장 갔던 일이 잘 안되었을 때도 상사나 주변 사람들에게 자신의 속마음을 털어놓지 않았다. 사실 안 했다기보다 못했다고 말하는 편이 더 맞을 것이다. 정선 씨는 회사에 구질구질하게 애걸복걸하기보다는 깨끗하게 그만두는 편이 낫다고 생각했다. 그래서 본부장에게 항의를 하거나 욕도 못하고 회사를 그만두었다. 그리고 아내에게도 회사를 그만둔 사실을 말하지 못해 계속 회사를 다니고 있는 척 월급을 통장에 넣었다.

"그놈 참 나쁜 놈이에요. 일이 잘 안되자 자기만 쏙 빠지고 결국 자기가 살려고 우리 팀 전체를 죽인 사기꾼 같은 놈이에요!"

상담이 진행되며 마음이 편해지자 정선 씨는 속에 담아두었던 본부장에 대한 분노를 표출했다.

"정말 많이 힘드셨겠습니다."

나는 배신감에 얼마나 힘들었을지 공감해주었다.

"그런데 내가 바보지요. 이런 마음을 한마디도 표현하지 못하고 마치 깨끗한 척, 구질구질한 모습 보이지 않으려고 그냥 박차고 나왔단 말이에요."

분노가 빠져나가고 마음이 누그러진 다음에 정선 씨는 중얼거리듯이 말을 내뱉었다. 이렇게 자신의 속마음을 말하면서 정선 씨는 겸연쩍고 멋쩍은 듯 고개를 돌렸다. 그러고는 위축되는 듯 웅크렸다.

많은 남성들이 정선 씨처럼 마음을 털어놓는 대화하기를 힘들어한다. 이는 그동안 수많은 남성들이 일만 하면서 산 결과다. 일이 중요하지만 일 못지않게 중요한 것이 곧 마음이다. 그러나 일 지향적인 남자들은 일만 중요하게 생각하지 마음은 중요하게 생각하지 않는다. 일에서 성공한 남자들도 수없이 마음에서는 실패를 하게 되는 성공실패자들이다.

'도대체 회사는 나에게 무엇이었나?'

이 질문은 아주 훌륭한 질문이다. 일 지향적인 사람들은 대체로 이런 질문을 던지지 않는다. 자신을 돌아보지 않고 일만 하기 때문에 이런 질문의 소중함을 잘 모른다. 이런 질문이 마음속에 생겨도 쓸데없는 질문이라고 치부하거나 밀쳐낸다. '회사는 나에게 무슨 의미인가?', '나는 왜 일을 하는가?', '내가 일하는 이유가 내 삶과 미래, 그리고 가족들과 어떤 관련이 있는가?' 더 나아가 '돈은 나에게 어떤 의미인가?' 등과 같은 수많은 질문들이 있는데 이런 질문들은 모두 인격적으로, 인간적으로 성장하기 위해 반드시 필요한 질문들이다. 이러한 질문에 대답하기 위해서 애를 쓰는 사람들은 같은 일을 하면서도 다른 퀄리티를 가지고 일을 하게 된다. 일에 치이는 사람이 아니라 일을 지배하며 일을 다루어간다.

그러나 일 지향적인 사람들은 자신이 일에 지배당하고 있다는 것을 잘 알아차리지 못한다. 자신이 일을 하는 주인이 아니라 일이 자신을 이끌고 지배하는 주인이라는 사실을 잘 인식하지 못한다. 사람을 위해서 일이 있고 사람이 행복하기 위해서 일이 필요하며 자아를 성취하기 위해서 일이 필요하다는 사실을 잘 인식하지 못하는 것이다. 그러다 위기를 맞게 되면 이런 질문들이 생긴다. 그래서 위기는 말 그대로 또 다른 기회를 열어준다. 일에서 실패한 사람들은 '일이 무엇인지, 그리고 무슨 의미인지'를 질문하게 된다. 경제적으로는 실패를 하고 있을지 모르지만 이런 질문을 통해서 새로운 시각, 관점이 열린다. 정선 씨의 '도대체 회사는 나에게 무엇이었나?'라는 질문은 아주 훌륭한 질문이다. 이런 질문이 우리를 위기 속에서 새로운 기회를 갖도록 이끌어준다.

"좋은 질문이 생겼네요. 이러한 질문은 아주 훌륭한 질문입니다. 이렇게 마음이 힘들고 어려울 때 이런 질문이 돌파구를 열어주는 역할을 합니다. 이 질문을 사장하지 말고 더 파고들면 좋겠네요. 다음 주까지 회사가 나에게 무엇이었는지 생각해 오시면 좋겠네요."

"그래요? 나는 신세 한탄의 말이었는데……. 좋은 질문이었다는 말이죠? 좀 더 깊이 생각을 해보도록 하겠습니다."

정선은 일단 자신이 좋은 질문을 했다고 하니까 눈이 번쩍 뜨이는 듯했다.

오직 돈으로 연결된 가족 관계

상담실에 나타난 정선 씨는 자신에 대한 큰 깨달음을 가지고 왔다. 회사와 자신에 대해서, 그리고 자신과 아내와의 관계에 대한.

"교수님, 회사는 나한테 뭐였는지 곰곰이 생각을 했어요. 한동안 아무 생각도 들지 않다가 내가 회사를 그만둔 것을 아내에게 얘기하지 못한 가장 큰 이유가 월급을 가져다줄 수 없기 때문이었다는 것을 깨달았어요. 생각해보니 저한테 회사는 돈이었네요."

말을 하며 정선 씨는 감정이 격해지는지 잠시 말을 멈췄다.

"회사에서 돈을 벌고 출세를 하고 싶었던 것이었어요. 나는 회사를 통해서 내 존재 의의를 찾고 느끼고 있었던 것이더라고요."

나는 이 말이 얼마나 반가웠는지 모른다. 많은 중년 남성들이 회사와 자신을 동일시하며 모든 것을 회사에 건다. 그러나 이런 깨달음을 가지고 사는 경우는 많지 않다.

"그런데 왜 이렇게 눈물이 나고 허전하지요? 가슴이 너무 아프네요."

모든 것을 걸었던 회사에서 평생을 있을 수 있는 사람은 없다. 언젠가는 회사를 떠나야 한다. 떨려나기도 한다. 자신의 모든 것을 걸었던 회사를 그만두면 그래서 남자들이 무너진다. 정선 씨도 이런 과정을 겪은 사람이다.

"사실 저와 아내와의 관계를 이어주는 것은 월급이었어요. 월급을 줄 수 없으니까 그 불안감이 말할 수 없이 컸고요. 그리고 나 자신이 그렇게 무능하고 초라해 보였어요."

정선 씨는 몸을 떨며 눈물을 흘렸다.

정선 씨는 자신이 가족에게 돈을 공급해주는 한 가족 관계에는 이상이 없을 것이라고 믿고 있었다. 아내와의 관계도 마찬가지였다. 가족과의 관계를 돈으로 생각하고 있었던 것이다. 한 걸음 더 나아가 정선 씨는 자신의 존재 가치를 돈으로 보고 있었다. 회사, 아내, 그리고 아이들로 이어지는 고리가 오직 돈밖에 없음을 깊이 깨달은 정선 씨는 너무도 허탈해했다.

한참을 멍하니 있던 정선 씨는 자신과 비슷하게 실직한 친구, 현구 씨 이야기를 꺼냈다.

"그 친구가 어려웠던 때 자신을 살린 것은 돈이 아니라 아내와 가족이었다고 하면서, 회사 그만둔 것을 아내에게 얘기하라고 했는데 결국 못했어요."

마음을 열고 대화를 하기 위해 정선 씨는 많은 격려와 지지가 필요한 사람이었다. 아내에게 자신의 약함을 드러내는 것을 너무도 힘들어

하고 어려워했다. 나는 이런 마음을 공감해주었다.

"그래요, 현구 씨라는 친구가 그렇게 아내 덕에 살게 되었다고 말을 했지만 차마 나는 말을 하기 어렵지요. 말을 하면 초라하고 왜소해 보이는 느낌이 들겠지요. 왜 안 그렇겠어요."

이 말을 들은 정선 씨는 자신의 마음을 더 털어놓기 시작했다.

"맞아요, 교수님. 제가 말을 못해서 세종시로 내려가서 마지막 기회를 잡았어요. 저는요, 아내가 받을 충격, 그리고 아이들이 불쌍해지는 모습을 볼 수 없어요. 차라리 이 한 몸을 희생해서라도 내가 건재함을 보여주고 싶었어요."

"그래서 어떻게 되었는데요."

"내가 이상해졌지요! 그래서 여기에 오게 된 거고요."

정선 씨는 본인이 얘기해놓고도 당황스럽고 혼란스러워했다.

그에겐 아내에게 자신의 상황을 털어놓고 이해를 구해 함께 다음 길을 모색하는 방법이 있었다. 그러나 그것이 어려웠던 그는 세종시로 내려가는 승부수를 띄웠고 그 길은 결국 그를 더 어렵게 만드는 결과를 가져왔다. 세종시에서 일에 파묻히면서 정선 씨의 마음의 이야기는 더욱 깊숙이 무의식 속으로 들어가기 시작했다. 이제는 마음속의 이야기를 더 하기 어렵게 되었다. 오랜만에 집에 가도 아이들 얼굴조차 보기 힘들었고 아내도 바깥일에 재미를 붙인 듯 더 잘 사는 것 같았다. 어떻게 지내느냐는 말에 아내가 했던 말은 충격이었다.

"응, 나 잘 지내고 있어. 아이들도 잘 지내고. 당신이 고생하는 바람에.우리는 잘 지내지!"

이 말에 정선 씨는 아무 말도 하지 못하고 "그래? 그렇구먼!" 하고 잠자리에 들었지만 아내가 너무 낯설게 느껴졌고 마치 처음 보는 여자와 같이 자고 있는 느낌이 들었다. 정선 씨의 마음에는 찬바람만 불기 시작했고 그는 집에 가면 자신만 낯선 사람 같은 느낌이었다고 했다.

정선 씨의 마음은 심각한 위기 상황에 있었다. 그동안 가족에게 헌신해왔지만 집에서 타인 같은, 그리고 낯선 사람 같은 느낌을 가지고 살게 되었다. 이런 결과로 아내를 보아도 발기가 되지 않는 성무력증에 빠져들고 있었다. 나는 정선 씨가 이런 느낌을 더 소상하게 말할 수 있도록 충분히 공감을 해주었다. 그리고 자신의 느낌을 더 정확하게 인식하라는 숙제를 내주었다.

마음의 문제는 마음으로 풀어야

나는 그의 어린 시절을 탐색하기 시작했다. 어떤 부모와 살았는지, 그리고 어떻게 이렇게 일 지향적 경향을 가지게 되었는지를 탐색하였다. 어린 시절의 이야기를 하면서 정선 씨는 흠칫 놀라기도 하고 짜증을 내기도 했다. "왜 이런 이야기까지 해야 하느냐?"고 항변도 했다. 그럼에도 불구하고 그는 나의 도움으로 자신의 마음에 접촉해가고 있었다.

"저는 어렸을 때 동생과 둘이 자랐어요. 부모님이 두 분 다 바빴기 때문에 모든 것을 혼자 힘으로 해결해야 했어요. 늘 추운 느낌이 들었어요. 마치 황량한 벌판에 있는 느낌도 들었어요. 그러나 별거 아니라고 생각했고 열심히 공부를 했어요. 공부만이 부모님의 인정을 받는 유일한 길이었거든요."

나는 정선 씨가 말한 대목 중에서 추운 느낌에 초점을 두었다.

"정선 씨는 추운 느낌을 피해서 '공부하고 일하는 세상'으로 갔습니다. 그 세상에서 잘하면 부모님과 주변 사람들의 인정을 받았고 추운 느낌에서 벗어날 수 있었어요. 일 세상에서의 인정이 정선 씨가 원하는 따뜻함을 대신할 수 있었어요. 그 세상이 유지가 되는 동안에는 괜찮았는데 그러나 그 세상에서 문제가 생겨 이제는 더 이상 피할 길도 없는 상태에 빠진 것입니다."

"내가 일로 피했다고요?"

"네, 정선 씨가 원했던 것은 부모님의 따뜻한 관심과 돌봄이었어요. 부모님과의 마음의 연결이었던 것이지요. 그것을 얻지 못해서 힘들었어요. 그 마음을 누르고 '일하는 세상'에서 인정받는 길로 갔어요. 부모님께 '관심 가져달라, 돌봐달라'는 말을 하지 못하고 일 세상으로 가서 따뜻함을 얻고자 했던 것처럼 아내분에게도 그렇게 마음의 얘기를 하는 것이 힘들어 아무 말도 못하다가 세종시로 내려간 것이지요."

정선 씨는 자신의 마음을 알게 되자 눈물을 터뜨리더니 통곡을 했다.

"맞아요, 교수님. 그랬군요. 내가 그렇게 살았군요. 참 불쌍하게 살았네요. 회사를 그만두고 너무나도 힘들었지만 아내한테 그 마음을 이야기할 수 없었어요. 아내뿐 아니라 누구에게도요. 그리고 내 딴에는 수습 한다고 세종시로 내려간 것이지요."

그러면서 그동안 자신이 집에서 가끔씩 느꼈던 느낌이 강렬하게 떠 오른다고 했다.

"이런 얘기를 하다 보니 떠오르는데 저는 집에 가는 것이 마치 깊고 차가운 우물 같은 곳에 들어가는 느낌이 들기도 했어요. 어떤 때는 아내 와 아이들이 흡혈귀 같고 나만 피를 빨리고 있다는 생각도 했었어요."

정선 씨는 자신의 마음속에서 무슨 일이 일어나고 있었는지 점차 인 식하게 되었다. 찬바람만 부는 깊은 우물 속에 갇힌 느낌이 자신을 이렇 게 힘들게 하고 있는 것임을 알기 시작했다.

"살면서 저는 자주 추위를 느꼈던 것 같아요. 특히 쓸쓸한 가을이면 더욱 힘들고 외로워서 더 열심히 일을 하곤 했어요. 일에 파묻히면 이 런 감정들을 만나지 않아도 됐었거든요. 그리고 아내가 해주는 따뜻한 밥이 참 좋았어요. 그래서 집에서 찬밥을 먹는 것을 싫어했고요. 그런데 이제 집에서, 내가 그토록 싫어하는 찬밥 신세가 되었네요. 집에 들어가 면 왜 그렇게 쓸쓸했는지 더 이해가 가네요."

정선 씨는 이러한 자신의 마음을 알기 전에는 자신이 왜 현구 씨와 바의 여사장에게, 여직원의 따뜻한 말 한마디에 끌렸는지 잘 이해되지 않았다.

"왠지 현구하고 있으면 마음이 편하고 모든 게 쉽게 느껴졌어요. 돈 이 자기를 살린 것이 아니라 가족이 자기를 살렸다는 얘기를 들으며 참

부러웠어요. 나한테는 너무 어려운 이야기이지만 나도 그렇게 살고 싶은 마음이 들었어요. 현구는 따뜻한 세상에서 사는 것같이 보였죠. 그래서 현구와 최근에 다시 만나게 되었는데도 자꾸 만나고 싶었던 것 같아요.”

정선 씨는 돈으로 연결된 것이 아닌 마음으로 연결된 현구와 현구의 가족 관계가 부러웠던 것이다.

“바의 여사장하고 얘기를 하면 제가 살아 있는 느낌이 들었어요. 그 앞에 가면 훈훈한 바람이 불어 긴장도 풀리고 활력이 느껴졌어요. 마담이 저에게 잘해주는 것이 직업이고 돈 때문이라는 것을 알면서도 마음이 녹았죠. 얼마 전에 나도 모르게 여직원의 손을 잡고 만지작거린 적이 있었는데 그날도 여직원이 나를 걱정스러운 듯이 보며 약을 사주겠다고 하는데 너무 좋았습니다. 그래서 그만……. 그 일 이후로 여직원의 눈을 제대로 보지를 못하고 있습니다. 창피하고 미안하고…….”

정선 씨의 이런 고백은 마음을 치유하는 중요한 과정이다. 마음의 얘기를 못해 많은 사람들이 ‘일 세상’으로 간다. 그러면 일 세상에서 성공을 해도 마음으로는 실패다. 성공-실패의 인생이다. ‘일 세상’에서 실패하면 일에도 실패, 마음으로도 실패하는 실패-실패의 인생이다. 일이 잘 돌아가고 있을 때는 괜찮은 듯 보이지만 일이 잘 돌아가지 않으면 결국 마음의 문제는 언젠가는 드러난다. 마음의 문제는 일 세상으로 도망가서 풀 것이 아니라 마음으로 풀어야 한다. 춥고 외로웠던 마음의 문제를 일에서 존재를 증명함으로써 풀려고 했던 것이 정선 씨의 문제였다.

남자의 후반전

수많은 대한민국 정선 씨들의 문제다. 정선 씨에겐 힘든 경험이지만 이제라도 이 문제를 인식하고 방법을 찾으려고 시도한 것은 큰 다행이다. 많은 중년 남성들이 일이 뭔지, 마음이 뭔지 모르고 외롭고 추운 마음으로 평생을 살다가 이 세상을 떠난다.

정선 씨는 여러 번의 상담 과정을 통해서 일 중심의 삶을 살았던 자신을 이해하면서 낯설고 이상한 느낌에서 벗어나 마음의 평안을 찾았다. 그리고 용기를 내어 아내와 대화하기로 마음을 먹었다.

소소한 일상의 대화를 시작하다

마음의 평안은 찾았지만 아내와의 대화는 새로운 도전이었다. 나는 정선 씨와 아내와의 대화를 연습하기 시작했다.

"아내와 대화할 수 있는 가장 쉬운 방법은 무엇인가요?"

"전화를 하는 거죠."

"전화를 해서 무슨 이야기를 하면 좋을까요?"

"그냥 이것저것 말하면 되지 않을까요?"

"잘 생각하셨네요. 아내의 사소하고 일상적인 일들에 대해서 관심을 표현하고 나눠보시면 좋겠네요."

정선 씨는 퇴근을 일찍 한 어느 날, 용기를 내어 아내에게 전화를 했다.

"어, 여보. 나야! 잘 지냈어?"

"응, 우린 잘 지내. 당신도 잘 지내지?"

"그럼, 나도 잘 지내. 당신 저녁 먹었어?"

"지금 시간이 몇 신데 벌써 먹었지."

"당신 애들 없이 혼자 먹었어?"

"오늘은 혜진이가 일찍 와서 같이 먹었어."

"혼자 안 먹고 혜진이랑 같이 먹어서 좋았겠네. 뭐 먹었어?"

"오징어볶음하고 매실장아찌, 김치 그런 거 먹었지. 근데 오늘 이상하네. 당신 무슨 일 있어?"

"왜, 뭐가 이상해?"

"평소 묻지 않던 것을 물어보니까……."

"아니야, 일은 무슨. 또 전화할게."

이렇게 정선 씨와 아내의 통화 시간은 늘어났다. 전에는 아내와 통화를 하면 할 말이 없어서 두어 마디 하다가 끊고 무엇인가 허전한 느낌이 들었는데, 이렇게 통화 시간이 길어지면서 정선 씨의 마음이 편안해졌다. 아이들에게도 전화를 했다. 오늘은 어떻게 지냈는지를 물어보곤 하였다. 아이들과의 전화도 좀 더 빈번해졌다.

전화로 여러 번 통화를 하고 주말에 집에 올라온 정선 씨는 아내가 가까워진 느낌이 들었다. 아이들이 학원에 간 동안 아내와 근처 공원을 걸으면서 대화를 했다.

"당신 뭐 배운다고 했지? 뭘 배우는 거야?"

"주민센터에서 수채화도 배우고 밸런스워킹이라고 새로 나온 운동도 배우고 있어."

"당신 운동하는 것 싫어하잖아?"

"이 운동은 아주 쉬우면서도 효과가 좋아. 운동하기 싫어하는 나한테 딱 맞는 운동이야."

"그래? 잘됐네. 이제 우리도 운동을 해야 할 때잖아."

"내가 요즘 만나는 사람들마다 소개하고 있어. 아, 그러고 보니 당신과 애들한테도 가르쳐줘야겠네."

정선 씨의 아내는 원래 말이 많은 사람이었다. 그런데 무뚝뚝한 정선 씨와 살면서 말이 없어졌고 두 사람은 데면데면하게 되었다. 이제 정선 씨가 관심을 표명하자 아내는 기다렸다는 듯 말을 하기 시작했다. 아내의 이야기를 들으면서 정선 씨는 점차로 마음이 훈훈해지고 열리는 듯했다. 아내의 말이 자신이 보기에는 중요한 것들이 아니었지만 그럼에도 불구하고 같이 걷고 말하는 것 자체가 좋았다. 아내도 좋아하는 눈치였다. 그러면서 두 사람은 근처에 새로 생긴 카페와 식당에 가서 차를 마시기도 하고 밥을 같이 먹는 시간을 가졌다.

마음이 연결되어야 살 수 있는 존재

상담에 온 정선 씨는 그동안 있었던 일들을 상세히 얘기했다.

"처음에 전화를 하고 대화를 하려고 했을 때 마음이 어땠어요?"

"왠지 쑥스럽고 어색한 느낌이 들었어요."

"무엇이 어색하고 쑥스럽지요?"

"잘 모르겠는데요. 익숙하지 않아서 그렇지 않을까요?"

"그래요. 그럴 수도 있지만 아내와 대화를 할 때, 그동안에는 꼭 필요한 이야기나 의미 있고 중요한 것들만 주로 얘기하지 않았나요? 그런 말을 할 때는 어색하거나 쑥스럽지 않았죠?"

정선 씨가 무엇인가 깨달았다는 표정을 지었다.

"네. 저는 평생을 그렇게 살았네요. 중요하고 큰 것, 그리고 의미 있어서 남들에게 보여도 괜찮을 만한 것들을 얘기하는 것이 대화라고 생각했네요."

"네, 그런 거죠. 일 중심의 사람들은 가족 간의 대화도 마치 업무 처리하듯이 하죠. 그런데 그런 소소한 대화를 해보니까 어떠세요?"

"마음이 편하던데요. 아, 그리고 보니 그동안 아내와 대화하면서 자주 느꼈던 낯선 느낌, 차가운 느낌이 조금 줄어든 것 같네요."

말하는 도중 자신의 변화를 알아챈 정선 씨는 상기됐다. 소소한 일상의 얘기를 나눈다는 것은 마음을 연결하는 시작이다.

"이제 정선 씨는 다음 단계의 대화로 넘어가도 될 것 같아요."

"다음 단계의 대화라면 어떤 대화인가요?"

"이제 자신의 느낌을 아내에게 말해보세요."

"어떤 느낌이요?"

"상담했을 때 얘기했던 아내와 같이 있을 때 들던 느낌이요."

"아, 그 낯선 느낌 말인가요?"

"맞아요."

"아, 그런 것은 정말로 하기 힘들어요. 그런 말을 하면 왠지 내가 여자 같잖아요."

정선 씨는 손을 내저었다. 정선 씨는 나하고는 마음의 깊은 이야기를 나누었는데 아내와는 어렵다고 하고 있었다. 나는 정선 씨에게 아내와 더불어 사는 것이 무엇인지 얘기해줄 필요가 있다는 생각이 들었다.

"정선 씨는 지금 누구하고 마음의 연결을 하면서 살고 있나요?"

이 질문을 받은 정선 씨는 당황해했다. 사실 그는 이런 질문을 받은 적도 없고 생각한 적도 없었다. 그는 언제나 일을 잘해서 아내에게 자랑하고 싶었고 아내로부터 인정받고 싶었다.

"사람은 누군가와는 마음이 연결되어야 살 수 있어요. 결혼은 그런 의미고요. 아내와 남편은 그렇게 마음을 연결하면서 사는 인생의 동반자거든요."

"맞아요. 나는 아내와 동반자라는 생각보다는 내가 무엇인가를 해주는 사람이라고 생각했어요. 그래서 돈도 벌어다 주었고 아이들에게 용돈도 주었죠. 집 청소도 해주었고 설거지도 해주었어요. 그러고 보니 나는 무엇인가를 주려고 했고 주지 않으면 내 존재가 쓸모없는 사람인 것처럼 느끼고 있었네요."

정선 씨는 말을 하면서 허탈한 듯 입맛을 다셨다.

"마음의 연결은 소소한 일상을 나누고 특히 내 감정과 느낌을 이야기하면서 이루어집니다.”

남자들은 자신의 느낌이나 감정을 말하기 위해서 술을 마시거나 누군가 분위기를 잡아주지 않으면 잘 안 하거나 못하는 경향이 있다.

“그렇군요. 여전히 저는 일 세상에서 살고 있는 부분이 많네요.”

“대화가 쉽지는 않을 겁니다. 그럼에도 불구하고 시도를 하는 것이 중요하고요. 특히 대화하는 방법에 신경을 쓰세요. 내 얘기를 하기 전에 대화 상대를 인정하는 말을 먼저 하고 내 마음을 전달하는 방법이 중요합니다. 얘기가 뜻대로 진행되지 않을 때는 혹시 내 말만 하려고 했던 것은 아닌지 돌아보세요.”

아내에게 마음을 얘기하다

정선 씨는 그다음 주에도 세종시에서 올라와 아내와 공원을 산책했다. 일상적인 이야기를 나눈 다음 근처 카페에 가서 아이들과 집안일에 대한 이야기를 좀 더 나누었다. 마음이 편해지자 자신이 아내에 대해서, 그리고 집에 대해서 느끼는 느낌을 말했다.

“나는 당신하고 이렇게 대화를 하려고 하면 왠지 편안하지 않았어. 이런 말들은 불필요한 말이고 쓸모없는 것 같아서 지금까지 말을 안 하거나 해도 건성으로 했어.”

이 말을 들은 아내는 약간은 놀라고 조금은 기분이 상한 듯했다.

남자의 후반전

"그러면 당신은 내가 중요한 사람이 아니라고 생각을 하고 산 거네."

아내의 이러한 반응에 당황한 정선 씨는 급히 부인했다.

"아니야, 그런 게 아니고 당신을 중요하게 생각하지! 그러니까 내가 이렇게 몸이 부서져라 일을 하지!"

정선 씨는 자신의 마음을 몰라주는 아내에게 약간은 짜증이 났다.

"그러면 아까 한 말은 무슨 말이야!"

정선 씨는 아내와의 대화가 자신이 의도하는 대로 흘러가지 않아서 당황했다. 그러나 대화가 쉽지 않을 거라는 것과 대화 상대를 먼저 인정해줘야 한다는 얘기를 들었기 때문에 한 번 심호흡을 하고 이야기를 이어갔다.

"당신이나 아이들이나 나한테 정말 중요하지. 나는 당신이나 아이들하고 잘 지내고 싶어. 그래서 오늘은 내 마음을 열어서 대화를 하는 거야. 내가 너무 일만 하고 살아서 당신하고 이렇게 마음으로 이야기를 하려고 하니까 어렵네. 그리고 조금은 낯설기도 하고 당황하기도 해서 그런 말을 한 건데……."

"그래? 당신 말을 들으니 마음이 좀 나아졌어. 나는 당신이 혹시라도 우리를 소홀히 생각하나 싶어 신경이 쓰였던 건데, 이렇게 말을 해주니 참 좋아."

정선은 그날 밤 아내를 좀 더 편안해하는 자신을 느꼈고 오랜만에 성관계도 갖게 되었다. 언제 발기가 안 되었는지 모를 정도로 편안한 밤을 보냈다.

이렇게 시간을 보내고 난 뒤 정선 씨는 다시 상담에 왔다. 그는 아내와 대화를 하면서 진땀이 나고 당황해했던 얘기를 했다.

"아내와 마음의 대화를 하면서 혹시 낯선 느낌도 느꼈나요?"

"아니요. 그 느낌은 안 느꼈네요. 어! 정말 낯설고 추운 느낌은 없어진 것 같아요."

나는 다시 물었다.

"왜 그렇게 된 것 같아요?"

"잘 모르겠어요. 하지만 분명한 것은 자주 느끼던 춥고 낯선 느낌은 들지 않았어요."

정선 씨는 말을 하면서 신기해했다.

나는 정선의 마음 깊은 곳에 있는 춥고 낯선 느낌들이 다 없어지지는 않았지만 점차로 회복되고 있다고 생각했다. 이렇게 일상의 대화와 마음의 대화를 조금만 해도 많은 부부와 가족 관계가 회복된다. 정선 씨는 주중에는 아내와 아이들에게 자주 전화를 했고 주말에는 서울에 올라와 최대한 같이 시간을 보내면서 마음이 편안해졌다. 아내가 더 이상 낯선 여자같이 느껴지지 않았고 마담도 생각나지 않았다. 그리고 부부 관계도 정상적으로 할 수 있게 되었다.

"일상의 소소한 대화가 얼마나 중요한지 깨닫게 되었어요. 이제는 일만 하지 않을래요. 나도 마음을 나누는 삶을 살고 싶어요. 다시 태어난 기분이에요. 상담을 받지 않았으면 어떻게 이런 것을 알았겠어요."

정선 씨는 다시 한 번 일로써 무엇인가를 보여주려는 마음을 바꾸었다. 세종시에서의 일이 성공해서 계속 일을 할 수 있으면 좋겠지만 그렇지 않더라도 현구 씨처럼 가족들과 힘을 합해 다음의 인생을 준비해 나가겠다고 생각했다. 가족과 마음으로 연결되는 느낌이 드니 어떤 어려움이라도 헤쳐 나갈 수 있을 것 같았다. 정선 씨는 성을 빼앗는 것보다 어려운 마음을 지키는 일을 해내고 있다. 파워보다 중요한 마음을 지켜내고 있다. 정선 씨는 이제 마음을 마음으로 풀 줄 아는 '위대한 보통 남자'가 되었다.

상담을 마치고

인간은 자신의 기능이나 소유, 그리고 외부의 칭찬이나 비난을 초월하는 존재다. 존재로 사는 사람들은 마음을 나누고 마음을 연결하면서 마음의 대화를 할 줄 아는 삶을 산다. 할 수 있는 일은 할 수 있다 하고 할 수 없는 일은 못한다고 한다. 무서우면 무섭다고 하고 어려우면 어렵다고 표현할 줄 안다. 작으면 작은 대로, 크면 큰 대로, 부가 있으면 있는 대로, 없으면 없는 대로 사는 삶이 존재적 삶이다. 소유나 명성, 기능에 따라서 존재가 왔다 갔다 하는 삶이 아니라 자신이 중심을 잡고 이러한 소유를 가지고 명성을 누리며 기능을 발휘하면서 사는 삶이 곧 존재적 삶이다. 편안하고 즐거운 마음으로 살 수 있는 삶이다.

정선 씨는 이런 존재적 삶이 아니라 기능적 삶을 살았다. 한국 중년

남성을 대표하는 정선 씨. 정선 씨는 몸은 어른이지만 마음은 어린아이
인 성인아이다. 성인아이들은 자신이 원하는 삶을 살면서 외부의 요청
에 유연하게 대처하는 존재로서의 삶을 살지 못하고, 외부의 요구와 요
청에 따르느라 자신의 마음을 잃어버리며 사는 기능적인 삶을 산다. 어
려서는 주로 부모의 요구에 맞추어 살고 커서는 사회적 시선이나 동료
집단, 결혼해서는 가족의 요구에 맞추며 산다. 그리고 상대의 인정을 받
으면 존재감을 느끼고, 그러지 못하면 존재감을 느끼지 못한다.

성인아이들은 자신의 존재를 파워로 귀결시킨다. 파워가 있으면 괜
찮고 좋은 사람이고 없으면 형편없고 모자란 사람이다. 이렇게 파워를
추구하는 사람들은 일상의 삶을 존재로 살지 못하고 늘 '누가 더 센가?'
비교하는 삶을 산다. 사람들과 자신의 존재로 편안하게 관계를 맺지 못
하고 나보다 더 직책이 높은가 낮은가, 나보다 더 똑똑한가 아닌가, 나
보다 더 많은 것을 가졌는가 아닌가에 늘 촉각을 곤두세우며 비교하고
비교 우위의 삶을 살려고 한다.

정선 씨는 이렇게 '누가 더 센가'를 겨루는 파워 지향적 삶을 살았다.
정선 씨의 파워 지향적 경향은 가정에서는 많은 월급을 가져다주는 능
력 있는 남편이 되고 싶은 마음으로, 직장에서는 빠른 승진을 원하는 마
음으로 나타났다. 정선 씨는 '뭐든 잘하는 사람'이라는 인정을 받음으로
써 마음속 어린아이의 사랑받고 싶어 하는 마음을 충족시키고 있었다.
자신이 무엇을 좋아하고 무엇을 위해서 삶을 사는지에 대한 존재적 이
해 없이 다른 사람들에게 무시당하지 않으려고 거의 맹목적으로 '파워

있어 보이는 것'에 매달리면서 살아온 인생이다.

　중년기에는 누구나 직장, 가정, 성적인 영역에서 파워의 상실을 경험한다. 이 상실의 때에 존재적 삶을 살지 못하고 파워로 환원되는 삶을 사는 사람들은 크나큰 위기를 맞이한다. 정선 씨 위기의 본질이 이것이다. 상실이 시작되는 중년이라는 나이와 파워 지향적 삶의 충돌. 이것이 정선 씨를 무너지게 했다. 인간은 나이 먹는 것을 피할 수 없다. 누구나 중년을 맞고 중년기에 이르면 여러 면에서 이전 같지 않다. 중년기에 경험하는 다양한 상실은 앞으로의 삶이 이전과는 다를 것임을 암시한다. 이 내용을 2부에 소개했다.

2부

상실의 시대

01

하나둘
몸의 기능을 잃다

청소년기엔 없던 것이 생기고
중년기엔 있던 것이 없어진다

━━━

우리 삶에는 위험한 세 시기가 있다. 바로 영유아기, 청소년기, 중년
기다.[2] 다른 시기들은 조금 덜 관리를 해도 문제가 심각하지 않지만, 이
세 시기의 문제는 인생을 좌우한다.

첫 번째 영유아기는 잘못 넘기면 죽음을 맞을 수 있다. 죽음을 넘겼
다 해도 적절한 돌봄을 받지 못하면 평생을 성격장애자로 살아가게 된

---

2 에릭 에릭슨Erik Erikson은 인생의 전 단계를 연령 및 발달과제를 중심으로 8단계로 구분했다. 지그문트 프로이
트Sigmund Freud가 청소년기까지만 이론화한 것을 확장해서 출생에서 죽음까지 전 생애의 발달단계를 다뤘다.

다. 청소년 시기는 정체성을 형성하는 시기로 문제가 생기면 평생을 자기 주관 없이 살아가게 된다. 자신이 누군지도 모르고, 직장을 다니다가도 이 직장 저 직장으로 자꾸 옮기고, 인간관계를 맺을 때도 상당히 힘들다. 중년기는 청소년기와 많은 부분 연동되어 있다. 청소년기에 형성했어야 할 정체성을 형성하지 못해 중년기에 직업을 바꾸거나 중단하기도 하고, 새로운 정체성을 찾아 나서면서 가족 간의 문제를 일으키기도 한다. 거기다 죽음의 문제를 인식하고 직면하면서 여러 영역에서 문제가 발생한다.

청소년기와 중년기에 일어나는 변화는 질적이면서 구조적이다. 청소년기는 주로 '생기는' 구조 변화가 일어나고 중년기는 주로 '없어지는' 구조 변화가 일어난다. 청소년기에 생기는 가장 큰 변화는 성호르몬의 분비다. 아이들은 성적 호기심이 많이 증가되며 신체 모양도 성관계를 할 수 있는 모습으로 바뀐다. 반면 중년기 때는 생기는 변화가 아니라 없어지는 변화가 일어난다. 먼저 그동안 분비되던 남성호르몬이 줄어들기 시작하면서 성적 기능이 떨어진다. 체력도 떨어진다. 중년기 신체 변화는 기능 상실로 나타난다. 청소년들은 없던 것이 생겨서 이상하고 중년은 있던 것이 없어지면서 이상하다고 느낀다.

중년기의 이러한 질적 변화 중 쉽게 느낄 수 있는 변화가 눈이다. 나이가 들면 눈의 기능이 급격히 떨어진다. 어느 날부터 눈이 이상하다 싶어진다. 글씨가 흐릿하게 보이다가 잘 안 보이게 된다. 시간이 점점 지나도 계속 그렇게 보이게 된다. 그러다가 안과를 가면 노안이라는 말을 든다. 그때 사람 마음이 복잡해진다. '노안이라고? 그럼 내가 이제 늙었다는 얘긴가?'라고 자문해보게 된다.

중년 남자들 중 돋보기를 안 쓰고 버티는 사람들이 꽤 있다. 원래 안경을 쓰던 사람들은 돋보기 기능을 넣은 다초점 렌즈 안경을 쓰게 되는데, 중년기에 도달했음에도 불구하고 돋보기 기능을 넣지 않고 버티는 사람들이 있다. 그래서 가까운 것을 볼 때는 안경을 벗고 보다가 멀리 볼 때는 안경을 끼며 안경을 썼다 벗었다 한다. 돋보기를 쓸 만큼 나이가 들었다는 사실을 인정하기 싫어서 그러한 행동을 한다. 그도 그럴 것이 마음은 청춘이기 때문이다. 눈은 안 보이는데 마음은 여전히 20대처럼 뭐를 해도 할 수 있을 것 같으니 인정하기 싫을 수밖에. 눈에다가 내 마음을 맞춰줘야 되는데 마음에다 눈을 맞추고 싶다.

내 친구 중에도 그런 친구가 있어 물어본다.

"작은 글씨 잘 안 보이지 않냐?"

"안 보여."

"그런데 어떻게 그냥 다니니? 너도 다초점 렌즈 해야지."

"싫어."

그 친구는 지금도 버티고 있다. 기능 상실이 오면 이렇듯 거기에 대한 적응 문제가 생긴다.

원치 않는 변화만 생긴다

———

군대에 간 아들이 휴가를 나왔다. 이 아이가 소파에 앉아 있는데 머리카락이 눈에 들어왔다. 짧게 깎은 아들의 머리카락은 새까맸다. 내 안에서 부러운 마음이 들었다. '젊었을 때는 나도 분명 저랬을 텐데 지금 나는 흰머리도 많고 머리카락도 부슬부슬 힘이 없다.' "네 머리는 왜 이렇게 새까마니?" 나는 아들의 머리카락을 바라보며 말을 했고 아들은 나를 그냥 쳐다보았다. 전형적인 중년 아저씨의 말이다.

청소년기에 성호르몬이 분비되면 아이들은 얼굴도 달라지고, 체격과 신체 모양이 완전히 달라진다. 없던 여드름도 생긴다. 아이들은 여드름이 난 얼굴에 스스로 놀란다. 주변에서는 "너, 여드름쟁이 됐구나!"라며 놀리기도 한다. 아이들은 그전의 예쁜 얼굴로 되돌리고 싶어서 여드름을 짜고 또 짠다. 그러면 엄마들은 "그만 짜라. 흉터 생긴다."라고 잔소리를 한다. 애들 입장에선 자신의 몸에 생긴 변화를 감당하기도 힘든데 주변에서 신체, 외모에 대한 코멘트가 많아지고 제재까지 받으니 짜증이 난다.

이것이 중년기 때도 똑같이 벌어진다. 본인도 본인의 신체 변화에 놀라고 감당이 안 되는데 주변에서 코멘트가 많아진다. 대표적인 것이 흰머리에 관한 언급이다. "흰머리가 많아졌네요. 염색하셔야겠어요." 등등. 한 번 들을 때는 괜찮지만 두 번 들으면 강조되고 세 번째 들으면 상처가 된다. 나도 왼쪽 머리에 유난히 흰머리가 많아서 이발소에 가면 "염색해드릴까요?"라는 질문을 많이 받는데, 버티는 중이다. 그나마 흰머리가 한쪽에만 몰려 있어서 주변 사람들에게는 농담으로 브리지를 넣었다고 한다.

흰머리뿐 아니라 머리카락이 빠지는 현상도 커다란 변화다. 머리카락이 빠지면 나이가 들어 보여 남자나 여자나 머리숱을 보전하는 것에 관심이 많다. 눈가와 입가에는 주름살이 많아진다. 몸매도 배가 나오면서 D자형이 되어간다. 사람마다 익숙하고 좋아하는 몸의 모양이 있는데 나이가 들수록 그 모양이 점점 사라져가면서 상실감을 느끼게 된다.

내가 원하는 대로 변화가 일어나면 얼마나 행복할까? 내가 원하는 것은 점점 멋있어지는 것인데 현실은 점점 볼품없어지는 쪽으로 간다. 흰머리, 대머리, 주름, D자형 몸매……. 흰머리? 나는 원하지 않았다. 나는 흰머리 없이 까만 머리로 살고 싶다. 그래서 염색을 하게 된다. 사실 염색은 속임이다. 진짜를 가리는 가짜다. 원치 않는 변화가 생길 때 변화를 따라가는 쪽이 아니고 변화를 거스르는 쪽으로 가면 사람에겐 언제나 페이크의 주제가 생긴다. 페이크 주제는 중년 여성들에게 더 많다. 여자들이 남자들보다 신체적 변화에 더 민감하기 때문이다.

중년 남성들이 시간이 많이 남지 않았다고 느끼며 시간을 신경 쓰기 시작하는데 이는 죽음과 연관이 있다. 이것도 내가 원하지 않는 자연 현상이다. 죽음도 내 의지와 상관없이, 내가 원하는 것과 상관없이 자연의 스케줄에 따라서, 자연의 이치에 따라서 다가온다. 인간은 유기체이고 모든 유기체는 변화하는 생명체다. 그러니 안티에이징은 유기체의 삶에 반하는 행동이다. 모든 생명체들 중에 유일하게 인간만이 유기체의 경향을 거스른다. 그러나 그것이 인간의 마음이기도 하다. 중년기에 원하는 것과 반대로 가는 이 변화를 어떻게 핸들링하느냐에 따라 위기로 가느냐 또는 성숙으로 가느냐가 결정이 된다.

외모와 함께 변하는 것들

———

10여 년 전 40대 중반에 허리가 아파서 병원에 간 적이 있다. 앉지도, 서지도, 눕지도 못하는 상황이 되어 부축을 받아서 병원에 갔다. 병원에 누워 있자니 참 처량했다. 하루 병원에 갔다가 왔는데 의사의 처방이 운동이었다. 나는 그동안 내 몸이 괜찮다고 생각하며 살았기 때문에 운동의 필요성을 느끼지 못했다. 특히나 어렸을 때는 신나게 놀아서 운동을 따로 할 필요가 없었다.

초등학교 다닐 때는 아이들하고 몰려다니며 엄청 놀았다. 수영은 물론이고 댐에서 뛰어내리고 홍수가 나면 물결을 타고 헤엄치며 떠내려가고, 그야말로 요즘 얘기하는 익스트림 스포츠를 그때 다 해보았다. 중학교 때도 핸드볼을 했고 고등학교 때는 농구, 대학 때는 테니스를 했다. 운동은 내게 놀이였다. 그래서 시간을 내어 따로 운동을 해야 한다는 생각은 내 사전에는 없었다.

그런데 허리가 아프면서 몸을 이러지도 저러지도 못하게 되니까 생각이 달라졌다. 내가 허리가 아팠던 이유는 같은 자세로 오래 앉아 있기 때문이었다. 근육이 긴장되고 그러면서 뭉친 거였다. 근육이 뭉치는 현상은 탄력성이 떨어져서다. 나이가 들면 근육의 탄력성도 떨어져 운동으로 풀어줘야 하는데 그걸 몰랐다. '아……, 이게 이렇게 사는 게 아니로구나. 내가 운동을 해야 되는구나.' 처음으로 깨달았다.

중년에는 업무 미팅, 회의, 모임이 굉장히 활발하다. 나도 학교에서만 회의를 하는 게 아니라 학회에서도 하고 교회에 가서도 한다. 중년이 그런 시기다. 회의로 넘치는 시기인데 보통 회의는 먹으면서 하게 된다. 어느 날 깨달은 것이 있는데, 더 이상 배가 고파서 식사를 하는 것이 아니라는 사실이었다. 배고플 새가 없다. 신체 구조적으로 보면 기능 상실로 인해서 에너지 소모가 적어지니까 덜 먹어야 하고 운동으로 에너지를 방출해야 하는데, 생활습관이나 사회문화나 관계나 위치나 이런 쪽에서 보면 오히려 거꾸로다. 과잉 공급되어 남는 에너지는 몸에 다 쌓이게 되고 결국 의사를 찾아가게 된다.

중년기 신체적 측면에서 중요한 주제가 자기 케어다. 이 시기의 자기 케어가 중요한 이유는 노년을 대비하기 위해서이다. 자기 케어를 하지 않으면 노년기에 자녀들에게 어마어마하게 짐이 된다. 그래서 중년이 되면 원하든 원하지 않든 자기 케어를 시작해야 한다.

호르몬의 변화는 신체 기능뿐 아니라 심리적인 면에도 변화를 가져온다. 남자들은 조금 여성적이 되고, 여성들은 조금 남성적이 된다.

이전에는 관심도 없던 정서적인 것들이 와 닿으면서 중년 남성들은 익숙해 있던 자신의 남성성과 지금 자기가 느끼는 정서 사이의 갭을 느끼게 된다. 평소 남성성이 강했던 사람일수록 이 갭을 크게 느끼게 되고, 갭이 크면 클수록 견디기 힘들어진다. 이때 많은 남성들이 자기 남성성에다가 현재의 자기를 자꾸 맞추려고 한다. 기능이 상실되고 모양이 없어지는 변화에 자신을 맞추어야 하는데, 거꾸로 자신의 남성성으로 기능이 상실되고 모양이 없어지는 현재의 자기를 가리려고 한다. 그래서 속으로 느끼는 감정이나 느낌을 표현하지 않게 된다. 비표현의 방법 중 하나가 아닌 척, 페이킹faking이다. 상대방에 맞추어 사실과는 다른 것을 보여주기 위해서 허세와 과시를 부리게 된다. 자신의 변화를 인정하지 못하고 불행한 쪽으로 가는 사람들이다.

이런 남성들은 화를 잘 낸다. 별것 아닌 일에도 화를 내고 자꾸 뭐라고 하고 트집을 잡는다. 게다가 지배적인 성향이 있으면 집에 일찍 들어와서 부인을 감시한다. 부인이 하는 것 중에 잘못하는 것이 없나 살펴보고 잘못하는 행동이 발견되면 잔소리를 하고 화를 낸다. 부인의 입장에서는 남편이 나이를 먹으며 그렇게 하지 않아도 볼품없어졌는데 그렇게 행동하니까 더 보기 싫어진다. 그래서 이런 남성들은 가정에서도 외로워진다.

02

사회적 지위가
흔들리다

쓸모없는 존재가 될까 봐 두렵다

━━

남자들은 사회적 존재이기 때문에 사회적 지위^{social position}가 중요하다. 그래서 모이면 정치, 경제, 사회 돌아가는 이야기를 많이 한다. 사회적 위치가 흔들리게 되는 곳이 주로 직장인데 이곳에서 잘못되면 남성들의 심리적 위기는 심각하다. 바로 무능력과 쪼다로 연결되기 때문이다.

그동안의 상담 경험을 보면, 남성들은 직장생활을 한 지 15~20년 될 때부터 위기를 맞기 시작한다. 부장 정도 될 때다. 이때부터 고민이 시작되어 임원을 달 타이밍에 위기를 맞는다. '내가 회사를 더 다닐 수 있을까?', '이번에 승진 못하면 다른 회사로 옮겨야 되는 거 아닌가?', '내 사업을 해서 먹고살아야 되는 거 아닌가?'라는 여러 생각을 하며 두려움을 느낀다. 서른 살에 입사했다고 하면 마흔 다섯에서 오십 살 정도 됐을 때, 그야말로 중년기로 몸과 마음의 변화를 한창 겪고 있는 와중에 이런 고민이 겹친다. 승진과 이직, 퇴직 사이에서의 갈등은 결국 '뭐를 해서 먹고살아야 하나?'라는 문제다. 이런 경제적 고민은 중년기 위기 주제 중 하나인 '무능력'과 연결된다.

남자들은 직장을 다니는 동안에는 자신이 유능하고 쓸모 있는 사람 같다고 느낀다. 그래서 최대한 오래 사회적 위치를 유지하고 싶어 한다. 남자들의 이 마음은 죽을 때까지 간다. 그러나 유능하다는 사람들 중에서도 임원으로 승진하는 사람들은 소수니 많은 남자들이 직장에서 물러나게 될 때 무능감을 느낄 수 있다. 특히 직장에서 유능감을 발휘하지 못하고 근근이 직장을 다녔던 사람일수록 직장 내에서 위기가 찾아오면 심리적 타격이 커진다. 그나마 자기가 붙잡고 있던 것이 없어지기 때문이다.

직장 문제는 돈 버는 문제와 연결되어 있다. 직장을 그만두면 돈을 못 벌고 사회적으로 가정적으로 무용지물이 되는 것 같고 쓸모없는 존재가 되는 것 같다고 느낀다. 직장에서도 쓸모없는 존재가 되어 떨려났는데 집에서도 요구만 받고 책임만 지라며 어떤 지지도 없을 때 죽고 싶은 마음까지 생기게 된다. 이런 사람들이 술과 친해지는 쪽으로 갈 수도 있다. 술을 마시면 자신의 현실을 또렷이 보지 않을 수 있고 그러면 조금 나은 느낌이 든다. 마음이 괴로운 사람들이 취하는 방어 중 하나인 회피 현상이다.

남자들이 참 많이 하는 얘기 중의 하나가 "내가 돈 버는 기계냐?"라는 말이다. 남자들의 하루를 비디오로 찍어 빨리 돌리면 정말 기계라 해도 맞는 것도 같다. 퇴근해서 들어와 씻고 밥 먹고, 조금 있다가 자고, 아침에 또 일어나서 세수하고 밥 먹고 출근하는 행동이 일상이다. 이처럼 직장에서 부품처럼 일하는데 집에 가면 돈만 벌어 오라고 하니 "내가 돈 버는 기계냐?"라는 말이 나온다.

또 하나가 "내가 이 집의 하인이냐?"라는 말이다. 부인이 "쓰레기 버려라." 하면 쓰레기 버려야 되고, "설거지해라." 그럼 설거지해야 되고, "방 청소해라." 그러면 방 청소해야 되고. 직장에서도 명령을 받는데 집에까지 와서 계속 명령을 받는 것이다. 그러니까 남편 입장에서 생각해보면 내가 꼭 이 집의 하인, 머슴 같은 느낌이 든다. 평상시 기계처럼 살고 머슴처럼 산다는 느낌이 있는 데다 직장에서 승진도 안 되고 위기가 찾아오게 되면 이 주제가 강력하게 등장해서 '나는 뭔가? 나는 왜 이렇게 살고 있나?' 싶은 마음이 된다.

어떤 직장인이 출근한 뒤 아무 말도 없이 사라져버렸다. 회사에서 여기저기 찾다가 해변에 앉아 있는 이 사람을 발견했다.

"당신 왜 일 안 하고 여기에 앉아 있느냐?"고 했더니 "나는 더 이상 일을 못하겠다."고 했단다. 그는 해변에 앉아 '나는 왜 이렇게 살고 있나?'라는 생각을 하고 있었다고 한다. 미국에서 실제로 있었던 일이다.

학자들은 이런 사례들을 통해 산업 사회가 인간을 부품으로 만들고 기계화하고 있음을 알게 되었다. 기계는 시간이 지나면 낡고 닳아져 더 이상 쓸모없는 때가 온다. 그러면 폐기 처분된다. 스스로 기계 같다는 생각을 가지고 살던 남자들은 중년기에 자신이 그런 쓸모없는 존재가 되어간다는 생각을 하게 된다. 이런 사태를 방지하기 위해서 끝까지 일을 잡으려고 한다. 열심히 일해서 "그래도 나는 성공한 사람", "그래도 나는 괜찮은 사람", "그래도 나는 쓸모 있는 사람"임을 끝까지 주장하고자 한다. 그러나 언젠가는 더 이상 일을 할 수 없는 때가 온다. 일하는 기계처럼, 머슴처럼 살았던 사람들이 은퇴 후에 느끼는 심리적 소외감, 절망감은 상당히 크다.

"나 아직 안 죽었어!"

남자들이 퇴직을 하고 나면 창업을 많이 한다. 그런데 우리나라 창업 환경을 보면 자영업 비중이 너무 높다. OECD 국가 평균치의 2배쯤 27.4%, 2013년 기준 된다고 한다. 자영업 비중이 이렇게 높다 보니 창업해서 실패할 가능성이 크다. 자영업자가 3년 사이에 폐업할 확률이 50%에 육박한다 2014년 기준.

중년기 창업은 당장 먹고사는 문제를 해결해야 하는 경제적인 측면이 크지만, 심리적 측면으로 보면 '내가 여전히 쓸모 있는 존재'임을 확인하고 싶다는 면도 있다. 그래서 소위 잘나가는 사람이었을수록 폼이 나는 창업을 하고 싶어 한다. 도심 대로변에 사무실을 얻어 인테리어를 멋있게 하거나 프랜차이즈 업체에 가입해 대형 매장을 열기도 한다.

고위 공직자를 하다가 조금 일찍 퇴직을 하게 된 분이 있다. 이분이 퇴직 후 창업을 했다. 근데 그야말로 쫄딱 망했다. 그 뒤 외국으로 가서 또 창업을 했다. 가족 입장에서는 창업한다고 돌아다니는데 돈은 하나도 못 벌고, 심지어는 있는 돈까지 가져다가 자꾸 쓰고 다니니 관계가 나빠졌다. 이분이 나중에 국내로 돌아와서 하는 얘기가 "나 아직 살아 있다.", "나 아직 죽지 않았다."는 거였다. 지금은 60살이 넘었는데 여전히 이 말을 한다.

증권회사 지점장을 하다 은퇴하신 분이 있는데, 재직 당시 식당 운영에 관한 컨설팅을 많이 했다. 이분한테 컨설팅을 받은 사람은 모두 성공했다. 주변 사람들이 "직접 사업을 하면 얼마나 더 잘하겠냐."며 식당 사업을 적극 권했다. 그래서 이분이 퇴직을 하고 3억 원을 들여서 멋진 식당을 개업했다. 그러나 컨설팅을 해줄 때와는 달리 생각보다 어려웠고 결국 문을 닫았다. 이분이 하는 얘기가 "제가 3억짜리 레슨을 받았습니다."였다. 이분은 다시 창업에 도전했다.

이런 일련의 과정은 내가 여전히 쓸모 있고, 여전히 괜찮은 사람이고, 유능한 사람임을 일로 보여주고 싶어 하는 노력이다. 여전히 일 쪽에 붙어서 '나 살아 있다'를 보여주고 싶어 하는 마음의 소리다. 남자들은 평생 이러다가 죽는다.

03

남성성이 없어지다

중년 남자가 성에 집착하는 이유

중년기가 되면 성기능도 약화된다. 이럴 때 남성성에 위기가 찾아온다. 남성으로서 어필할 게 없어진다는 생각을 하게 되기 때문이다. 남성성이 약해지거나 없어지면 '앞으로 내가 어떻게 살아야 되지?'라는 근본적인 질문에 봉착하게 한다.

힘을 중심으로 생각하는 남성들 중에는 자신이 강한 존재^{나 세재}임을 성을 통해서 확인하고 싶어 하는 경우도 있다. 많은 남자들은 성관계를 하면서 여성을 만족시켜야 한다는 생각을 한다. 여성이 만족하지 못하면 이것이 바로 무능감으로 연결된다. 특히 성적인 능력을 파워 소스로

삼은 사람은 관계를 하는 여성에게 만족을 주고 싶어 하고 그것을 통해 자신의 힘을 느끼고 싶어 한다. 상대가 만족을 못하면 쓸모없는 존재, 무능한 존재가 된 느낌이 들어 좌절한다.

이러한 남자들 가운데 성적인 능력을 파워와 동일시하는 사람들은 성관계를 힘으로 한다. 여자들은 힘으로 하면 힘들어하는데도 이러한 남자들은 그렇게 안 하면 만족이 안 된다고 느낀다. 그래서 점점 자극이 강한 쪽으로 성관계를 발전시키다가 성적 이상 행동을 보이는 경우도 있다. 자신의 성적 이상 행동으로 인해서 부인이 얼마나 힘들어하는지에 대해서 주의를 기울이지 않기도 한다. 어떤 부인이 남성의 이상 성행동을 참다못해 이혼을 결심했는데 정작 남편은 부인이 왜 이혼을 하려고 하는지 알지 못했다.

남성들은 성적으로 약화되면 견디기 힘들어하는데 '성적으로 왕성하다'는 의미에는 '아직도 내가 젊다', '아직도 내가 건강하다', '아직도 내가 사회에서 쓸모 있다'는 생각이 붙기 때문이다. 남자의 성은 생리현상에다가 심리적인 의미까지 붙어 있다. 젊었을 때는 생리적으로 왕성하니까 괜찮은데, 중년기에 점점 기능이 약화되면서 '내가 점점 쓸모없는 사람이 되어가나?'라는 생각을 하게 되고 심리적인 메이크업을 하려는 성향들이 생긴다. 성적인 능력을 자신의 파워 소스로 삼는 사람은 이때 성에 대해 집착하는 경향을 보인다. 성적인 집착은 성 중독으로 가기 쉽다. 성 중독자들을 인터뷰해보면 "성관계를 하고 싶어서 하는 게 아니다. 하기 싫을 때도 한다."고 한다. 어떤 경우는 지겨운데도 한다고

남자의 후반전

한다. 그들은 "그래야, 성적으로 능력이 있어야 여전히 내가 쓸모 있는 사람임이 증명되기 때문"이라고 이유를 댄다. 참 불쌍한 일이다.

성을 생리적으로만 보면 남녀 간에 차이가 크다. 여성들은 난자가 생명을 다하기 전과 난자가 나온 직후 성적 자극이 강해지는 경향이 있다. 남성들은 한 번 정액이 분출되고 다시 채워지는 데 보통 3일 정도 걸린다. 즉, 성관계를 할 준비가 되는 데 3일 정도 걸린다는 의미다. 생리적 주기로만 말하면 남성은 한 달에 10번 정도의 성관계가 가능하다. 그러나 성관계의 횟수는 남성의 연령과 환경에 따라서 달라지기도 한다. 중년기에 접어든 남성들은 이렇게 성적으로 왕성하지 않다. 여러 가지 환경적 변화와 생리적 변화 때문이다.

여자들은 중년이 되면 사회적인 부분에 더 관심이 많아진다. 남편과의 친밀한 관계도 중요하지만, 사회적 측면에서 영향력을 펼치고 활동을 하고 싶은 마음이 커진다. 남자와 여자의 관심사가 다르게 된다. 특히 성적인 면에서 여자들은 상대적으로 더 멀어지려고 하는데 남자들이 더 집착하면 여자들 입장에선 귀찮아진다. 남자들한테는 이것이 위기로 다가온다. 부인의 성적인 거절을 자신에 대한 거절로 받아들여 버림받는다고 생각하기 때문이다. 원가족에게서 실제로나 심리적으로 버림받았던 경험이 있었다면 이때 특히 더 위기가 생긴다. 부인의 거절을 못 참는 사람은 이것으로 화를 내기가 어려우니 다른 일을 꼬투리 잡아 화를 내고, 폭력적이 되기도 한다.

성공한 남자들의 성추행

사람은 한 사람하고만 관계가 좋아도 잘 살 수 있다. 그 한 사람이 보통 어머니이거나 아버지다. 그러나 어머니나 아버지하고 관계가 튼튼한 사람들도 유아기, 청소년기를 거쳐 청년기에 이르면 저장된 에너지가 떨어진다. 그럴 때 보충이 필요해진다. 그 보충이 결혼이다. 부인하고의 관계, 남편하고의 관계가 심리적 관계의 보충인 셈이다. 그래서 인생에서는 정서적 충족을 할 수 있는 두 번의 기회가 있다. 어머니^{또는 아버지}와 배우자. 문제는 어머니 ^{또는 아버지}하고의 정서적 관계가 불안정했던 사람들은 결혼해서도 배우자와 관계를 잘하지 못한다는 데 있다. 관계를 잘 못하니까 결혼해서 상당히 힘들다. 이때 보통, 남자들은 일로 도망가서 일에 집중해서 산다. 그러다가 중년기가 되면 정선 씨처럼 일에서도 문제가 생겨 더 이상 도망갈 데가 없어지고 위기를 맞는다.

정서적 관계라는 심리적인 주제는 근본적인 문제이기 때문에 문제가 해결이 안 된 채 일로 도망가면 일중독에 빠진다. 중독이라는 말은 집착이라는 뜻이고, 집착은 집착 대상이 없으면 살 수 없다는 면에서 의존이다. 일중독이란 결국 심리적으로 갈 데가 없으니까 일에 의존해서 산다는 의미다. 일 지향적인 사람들이 사회에서는 성공을 한다. 사회는 중독자처럼 열심히 일하는 행동을 권장한다. 그런데 이 사람들 마음속에는 늘 허전함이 있다.

남성들의 경우에는 이러한 외로움이나 고독이 성추행으로 나타나기도 한다. 남성들은 자기의 고독이나 외로움을 정서적으로 잘 풀지 못한다. 정서적으로 풀어내는 행위는 자신의 마음을 얘기해서 이해받고 공감받는 상호작용이다. 여자들은 외로우면 자신의 마음을 알아줄 사람을 만나 실컷 수다를 떤다. 욕도 하고 흉도 보며 외로움을 말로 푼다. 남자들은 그걸 잘 못한다.

친밀감 쪽에서 보면, 여자들은 언어적 친밀감 verbal intimacy 이고 남자들은 행동적 친밀감 action intimacy 이다. 여자들은 얘기를 하면서 친해진다. 말로 친밀감을 형성하고 난 뒤에야 성적인 친밀감을 원한다. 그런데 남자들은 그렇지 않다. 남자들은 부딪치면서 친해진다. 같이 운동을 하거나 활동을 하면서 친밀감을 느낀다. 그래서 남자들은 외로워도 "나 외로워, 얘기하고 싶다."라고 하지 않고 여자를 보면 자꾸 만지고 몸을 대려고 한다. 이것이 성추행이다.

성추행에는 이렇게 정서적인 이슈가 개입되어 있다. 외로우니까 몸을 대고 만지는 행동을 한다. 외로움을 이렇게 풀면 잠시뿐이다. 시간이 지나면 금방 또 외로워지게 되어 있다. 그래서 계속 성추행을 하다가 사회적으로 망신을 사게 된다. '외로움'이 왜 그렇게 힘든가? 깊이 들어가 보면 외로움은 무가치함과 연결돼 있다. 인정받지 못하고 쓸모없는 존재라서 아무도 나를 좋아하지 않고 아무도 내 옆에 있고 싶어 하지 않는다는 '무가치'함과 연결된다. 이 감정은 어떤 사람이라도 견디기 힘들다. 이 감정에서 벗어나고자 자꾸 사람들에게 인정을 구한다. 강함을 보여주려고 허세를 부리거나 폭력적이 되기도 한다. "내가 외롭다, 무가치한 것 같다, 나를 인정해줘라." 이렇게 말을 못하고 성희롱적인 발언을 하거나 집적거리며 성추행을 한다. 그래서 실제로 성 중독자들이나 이상 성관계를 하는 사람들을 인터뷰해보면 "나는 여자 몸에는 관심이 없다."고 얘기하는 사람들이 꽤 많다. 성추행, 성 중독은 심리적이고 정서적인 문제다. 정서적인 문제를 정서적으로 못 풀기 때문에 몸으로 풀려고 하는 것이다.

이는 성공한 남자냐 아니냐에 상관없이 생기는 문제다. 어찌 보면 성공한 남자일수록 이 주제가 더 커진다. 사회에서 위치가 높아지면 높아질수록 심리적 주제하고 내가 하는 일 사이의 갭이 훨씬 크기 때문이다. 일 잘하고 성공하면 아무 문제가 없는 사람처럼 보인다. 이런 사회적 분위기에서 성공한 CEO, 고위 공직자가 "외롭고 힘들다."며 자신의 정서적 느낌을 얘기하기는 쉽지 않다. 그렇게 얘기한다면 "정신 못 차리고 있다, 무능력하다, 무책임하다."고 사회적으로 질타를 받기 십상이다. 또는 "사는 게 다 그런 것이지 너만 왜 유난 떠느냐."고 조롱을 당할 수도 있다. 그러니까 성공할수록 일과 심리적인 부분에서의 차이가 훨씬 더 커진다. 이것이 술자리에서, 회사에서, 길거리에서 이상한 행동을 하고 다니는 방식으로 나타난다. 고위 공직자, 법관, 교수, 국회의원, 경찰 등 사회의 중요 직책을 수행하는 사람들의 성추행이 사회면을 장식하는 이유다.

몸은 몸으로, 마음은 마음으로

___

마음의 문제를 몸으로 풀려고 하거나, 몸의 문제를 마음으로 풀려고 하는 사람들이 참으로 많다. 이런 사람들을 상담하며 나는 몸은 몸으로, 마음은 마음으로, 영은 영으로 풀어야 한다는 '평행원리^{parallel principle}'를 만들었다. 몸의 욕구는 몸을 부딪치는 행동으로, 마음의 문제는 마음을 나누는 대화로, 영적인 이슈들은 영적 수련으로 풀어야 한다. 이런 평행원리를 제대로 실행하려면 가장 먼저 인간이 어떤 존재인지를 알아야 한다. 인간은 몸으로만 살지 않고 영과 혼으로도 사는 영, 혼, 육을 가진 존재다.

기독교인들도 이 주제를 혼동하는 사람들이 많다. 육체적인 주제를 영으로 풀려는 사람이 많다. 주변에서 웃지 못할 일이 있었다. 어느 교회에서 한 집사님이 몸이 아프다고 하니까 권사님들이 기도를 해줬는데 안 나았다. 그래서 더 많은 사람이 모여서 합심기도를 했고 그래도 안 나으니까 귀신이 들렸다며 기도원으로 보냈다. 기도원에서도 열심히 기도를 했지만 낫지 않자 이분이 목사님을 찾아가서 얘기를 했다. 목사님은 병원에 가보라고 했고 병원에 가니 심한 감기로 판명돼 치료를 받고 나았다.

몸이 아프면 병원에 가서 진료를 받고 치료를 받아야 한다. 치료를 받으며 기도도 하고 기도하면서 몸을 치료하여야 한다. 심리적으로도 이러한 주제에 대해서 혼동이 있다. 기독교인들 중에 외로우면 기도하면 된다고 생각하는 사람들이 있다. 그러나 우리의 마음도 하나님이 만들어주셨기 때문에 마음과 마음이 연결되는 심리적 관계가 중요하다. 기도하여 성령이 충만하면 일시적으로 외롭지 않게 되기는 하지만 심리적 외로움이나 심리적 주제가 없어지지는 않는다. 다른 사람들과 서로 사랑하는 관계를 맺는 것이 중요하다. 마음이 힘들어져서 생기는 주제는 마음을 연결하는 관계로 해결하여야 한다. 마음을 치료하면서 기도하고 기도하면서 마음을 연결하도록 한다.

04

부모-자녀 세대 사이에서 정체성을 잃다

살아남는 게 목적인 서바이벌 세대

한국 사회의 갈등지수는 무척 높다[3]. 이는 사회적, 문화적, 그리고 역사적 요인들과 관련이 있다. 역사적으로 볼 때 서양 사회에서 200~300년의 기간을 통해 겪었던 변화 과정을 우리는 지난 반세기 동안 한꺼번에 거쳤다. 이런 급격한 성장은 많은 부작용을 낳았다. 주로 개인 중심적이고 물질 지향적이며 감각과 취미 중심의 문화가 현재 한국 사회를 휩쓸고 있다. 이러한 역사와 문화의 결합으로 한국은 세대 간의 차이가

---

3 한국보건사회연구원 정영호, 고숙자 연구원이 2015년 발표한 '사회갈등지수 국제 비교 및 경제 성장에 미치는 영향' 보고서에 따르면, 우리나라의 사회갈등지수는 OECD 24개국 중 5위인 것으로 나타났다.

극대화된 나라 중 하나다. 차이가 극대화되면 세대 간의, 그리고 각 세대를 대변하는 단체 간의 이해관계는 첨예하게 충돌한다. 이러한 사회 현상은 정치적 이해관계의 충돌을 빚어내기도 한다.

한국 사회의 갈등과 세대 간의 차이는 갓 쓴 할아버지와 완고한 아버지, 휴대전화를 손에서 놓지 못하는 아이 3대로 표현될 수 있다. 갓 쓴 할아버지는 전통 사회, 보수적인 아버지는 산업 사회, 휴대전화를 손에서 못 놓는 아이는 정보화 사회를 상징한다. 전통 사회와 산업 사회, 정보화 사회가 한꺼번에 있는 나라가 한국이다. 어떻게 보면 대단한 나라이고 다르게 보면 아주 슬픈 나라다. 세대 간에 갭이 많다는 얘기는 세대 간에 대화가 안 된다는 뜻이다. 나이를 먹을수록 세대 차가 커지면서 윗세대는 젊은 세대에게 말이 먹히지 않아 파워의 위기를 느끼고 젊은 세대는 숨 막혀 한다.

각각의 세대를 산 사람들은 각자의 주제가 있다. 전통 사회를 사는 할아버지 세대의 사람들은 생존^{서바이벌·survival}이, 산업 사회를 사는 아버지 세대의 사람들은 정체성^{아이덴티티·identity}이, 그리고 정보화 사회를 사는 아이 세대는 재미^{펀·fun}가 중요하다. 생존으로 사는 사람들은 오직 살아남는 게 목적이다. 워낙 환경이 힘들고 어려웠으며 실제로 많이 죽었기 때문에 어떻게든 살아남는 게 소위 장땡이다. 그래서 이러한 사람들의 생각과 정신세계에는 '개똥밭에 굴러도 이승이 낫다.'라는 식의 생각이 많다. 그래서 생존 중심의 삶을 사는 사람들에게는 원칙이 없는 경우가 있다. 이들은 원칙을 지키면 죽을 수 있다고 생각한다. 이러한 사회적 예 중의 하나가 피란 열차다. 뒤에서 적군이 내려오니 열차를 타지 않으면 죽는다. 그러니까 앞사람을 밀치고라도 타야 된다. 차례를 지키면 죽을 수 있다. 그래서 원칙과 윤리와 도덕을 생존보다 먼저 생각할 수 없게 된다.

1960~1970년대에 진행된 '새마을운동'도 생존 측면에서 이해해볼수 있다. '잘살아보세, 잘살아보세, 우리도 한번 잘살아보세'라는 구호를 통해서 많은 국민들이 열심히 일을 했고 위정자들도 우리나라를 부강하게 만들기 위해서 많은 노력을 했다. 그 결과 우리는 많은 혜택을 누리면서 사는 나라가 되었다. 그런데 '잘살아보세'라는 구호에는 '바르게 살아보세'라는 구호가 빠져 있다. 잘살기 위해서 정당한 방법과 절차를 따르지 않은 경우가 많았다. 부정부패나 정경유착은 이러한 잘살아보세 운동의 어두운 그림자다. 생존이 원리나 원칙보다 우선되었기 때문이다.

이렇게 생존 중심의 삶을 사는 사람들의 여러 특징들 중 하나는 '먹기'다. 오죽하면 '먹는 것이 남는 것'이라는 속담도 있다. 워낙 먹을 게 없었던 시대를 살아서 음식은 물론 먹지 못하는 것들도 먹는다고 한다. 챔피언도 먹고 광*도 먹고 돈 버는 것도 먹었다고 표현한다. 심지어 욕도 먹었다고 한다. 사기도 쳐 먹고 등쳐 먹고 간도 빼 먹고 온갖 것을 해쳐 먹는다고 한다. 서바이벌 세대 중에는 살아남을 수 있다고만 하면, 먹여준다고만 하면 불의와 타협을 하도록 설득이 가능한 사람들이 있다. 그렇게 원칙도 도덕도 없이 '죽기 아니면 까무러치기'로 일을 했다.

그래서 한국이 눈부신 경제 성장을 이루었지만 이런 비합법적인 불투명성이 선진국의 문턱에서 한 단계 더 오르지 못하는 이유가 되고 있다.

이렇게 생존 중심의 사람들이 가지고 있는 다른 특징 중 하나는 의견을 표현하는 것을 위험한 일로 여기는 것이다. '내 생각 따위'는 중요하지 않다고 생각한다. 의견이 달라도 눈치를 보며 말을 하지 않는다. 군대 용어로 '까라면 깐다.' 이들 중에는 이미 알고 있는 것도 쉬쉬한다. 아이덴티티 세대가 자기 생각, 의견을 얘기하면 굉장히 불편해한다. "모난 돌이 정 맞는다."며 의견을 표현하지 못하게 한다. 더 나아가면 아예 말하는 것을 막는다. "조용히 해라.", "까불지 마라.", "가만히 있어라." 라고 한다. 입을 주둥이라고 하면서 "주둥아리 닥쳐."라고도 한다. 이러한 사람들이 만들어가는 가정은 먹고사는 것은 해결할 수 있어도 생각하는 것을 얘기하기 어렵고 보이는 것을 보인다고 얘기할 수 없고 느끼는 것을 표현할 수 없는 역기능 가정이 되며, 이들이 만드는 사회는 역기능 사회, 역기능 국가가 된다.

우리나라에서는 여러 명이 얘기하고 있다가 새로운 사람이 오면 하던 이야기를 멈추는 경우가 종종 있다. 얘기를 멈추고 다 같이 쳐다보며 "왜 왔느냐?"고 묻는다. 미국에서 살아보니까 이 사람들은 얘기할 때 누가 옆으로 가도 하던 얘기를 계속한다. 언제 쳐다보는가 하면 "Excuse me." 하면 쳐다본다. 그 말을 하기 전까지는 아무도 신경을 쓰지 않는다. 이에 대해 미국인 사회학자와 얘기를 한 적이 있다. 나는 우리나라가 전통적으로 외적의 침략을 너무 많이 당해서 누가 스파이인 줄 알 수가 없어서 그런 것 같다고 했다. 게다가 독재정권 시대에 많은 사람들이 말 한마디를 잘못했다가 모처로 끌려가기도 했다. 그 사회학자는 러시아도 마찬가지라고 했다. 공산국가 시절, 소련 정부에서 파견한 스파이가 너무 많아서 국민들은 말조심을 해야 살 수 있다고 생각한다는 것이다. 산업 사회에서 정보화 사회로 사회는 엄청나게 변화하는데 이런 정신과 태도는 아직도 우리 사회에 많이 남아 있다.

생존보다 자기표현이 중요한 아이덴티티 세대

서바이벌 세대 다음 세대는 지금 중년을 맞고 있는 아이덴티티 세대다. 아이덴티티 세대는 자신이 원하는 것이 생존보다 중요하다고 생각하는 경향이 있다. 이들은 먹을 것을 주어서 설득하기 어렵다. 즉, 먹는 것보다도 더 중요하게 생각하는 것들이 있다는 의미다. 이러한 세대의 일부가 민주화를 위해 데모를 했고 그러한 원동력을 바탕으로 한국은 민주화되었다. 서바이벌 세대는 이들을 보며 "밥 먹여놨더니 쓸데없는 짓 한다."고 했다. 서바이벌 세대가 볼 때 아이덴티티 세대는 고생을 덜해서 위험한 것을 모르는 세대로 치부된다.

아이덴티티 세대는 자기 것을 말하고 표현하는 행동을 한다. 서바이벌 세대가 하지 않던 '말을 하는' 세대다. 말을 하기 시작하면서 윗세대와 아랫세대 간에 많은 갭이 생긴다. 지인 한 분이 미국에서 박사 학위를 받고 10년 만에 돌아왔다. 어느 날 장인하고 차를 타고 가다가 사회적인 일들에 대해 자기 의견을 얘기했는데, 장인이 얼굴빛이 안 좋아지더니 "자네, 미국 갔다 오더니 사람 버렸구먼."이라고 하셨단다. 미국에서는 자기표현이 중요하다. 그래서 늘 묻는다. "What do you think?", "How do you think?", "Express your opinions!" 이분은 미국에서처럼 자연스럽게 본인의 생각을 얘기했는데 한국에서는 '사람 버린 일'이 된다는 것에 너무 놀랐다고 한다. 이는 문화적 차이이기도 하지만 세대 차이기도 하다.

아이덴티티 세대들은 자기가 좋아하는 것을 한다. 나만 해도 내가 좋아하는 것을 하고 있다. 수학에서 상담학으로 전공을 바꿀 때 많은 고민을 했다. 그때 수학을 전공해도 어느 정도는 살 수 있을 것이라는 생각을 했다. 그런데 재미가 없었다. '재미도 없고 좋아하지도 않으면서 교수가 되려고 공부를 해야 하는 건가?' 의문이 생겼다. 수학 교수가 되면 서바이벌하며 살 수는 있겠지만 그것이 나한테 무슨 의미가 있을지 그게 걸렸다. 그래서 상담으로 바꿨다. 아주 잘 바꿨다고 생각한다. 좋아하는 일을 하기 때문에 하다가 지칠 때는 있어도 직업에 대한 후회는 없다. 이것이 아이덴티티다. 지쳐도 후회하지 않기.

이렇게 살았기 때문에 나는 내 아이들에게도 "네가 좋아하는 것, 네가 원하는 것을 하라."고 종종 얘기한다. 만약 내가 서바이벌 멘털로 살았다면 얘기가 달라질 것이다. 애들한테 어떻게 서바이벌해야 하는지에 대해 얘기하게 될 것이다. 그래서 우리나라에서 자주 회자되는 직업

중 하나가 판검사다. 서바이벌 세대는 자식이 조금만 공부에 소질이 있으면 너도나도 집 팔고 소 팔아 법대에 보내 고시를 보게 했다. 왜? 힘이 없으면 잘잘못을 떠나 억울한 일을 당하거나 무시당하는 일이 많았기 때문이다. 아들이 판검사가 되면 그런 일은 없을 것이라고 믿는 것이다.

판검사와 아울러 서바이벌 세대가 원하는 또 다른 직업은 의사다. 의사는 정치적 색깔과 상관없이, 사회 변화와 상관없이 살아남기 때문이다. 어떤 사람이 군대에서 경험한 일을 말해주었다. 의무대에서 근무했는데, 소대장이 일반의였다. 소대장은 메스만 잡으면 손이 떨려서 간단한 종기조차 수술을 못해서 입대하기 전 두 달간 학원에서 기술을 배운 의무대 사병들이 수술을 했다고 한다. 소대장은 부모가 밀어 넣어 의대에 간 케이스였다. 그런데 세월이 많이 흐른 요즘도 마찬가지다. 지인의 아이가 재수를 하는데 이 아이가 농담으로 "엄마, 나 만점 맞으면 안 돼. 선생님들이 성적순으로 의대부터 집어넣어. 그래서 만점을 맞으면 내가 하고 싶은 걸 할 수가 없어."라고 얘기했다고 한다. 학교 평가가 여전히 법대, 의대에 얼마나 많이 보냈느냐로 이루어지니까 이런 일이 생긴다. 실제로 지인 아들의 친구는 천문학을 하고 싶어 했는데 성적이 잘 나오는 바람에 의대를 갔다고 한다. 이게 다 서바이벌 주제다.

연령적으로는 아이덴티티 세대인데 멘털이 서바이벌인 중년 남성들이 많다. 많은 경우 윗세대가 서바이벌이었기 때문에 상호작용을 하게 되고 그래서 자신의 아이덴티티를 온전히 가져갈 수가 없었기 때문이다. 하고 싶은 것이 있음에도 불구하고 부모 세대가 요구하는 것에 맞추다 보니 여전히 서바이벌 주제가 살아 있게 된다. 그래서 힘들다. 세대는 바뀌었는데 실제는 그렇게 잘 안 되고 있다. 여기엔 외환 위기의 영향이 컸다는 분석도 있다. 그때 워낙 명예퇴직의 충격이 커서 안정적인 직업에 대한 선호도가 급격하게 높아졌다는 것이다. 안전 주제. 항상 서바이벌은 안전과 연결되어 있어 안전을 추구하는 것을 1순위로 두게 된다.

재미없으면 안 하는 펀 세대

펀 세대는 감각적이다. 서바이벌 세대가 생존을, 아이덴티티 세대가 정체성을 특징으로 하는 반면 펀 세대의 특징은 감각적이라는 것이다. 펀 세대의 감각은 세계적인 일을 해내기도 한다. 세계적으로 이름을 알리고 있는 스포츠·연예 스타들은 다 펀 세대로, 감각과 센스로 세계에 도전했다. 이것들은 다 감각이 발달해야 가능한 영역이다. 생각하는 사람인 아이덴티티 세대는 이들을 못 따라간다.

요즘 펀 세대 아이들에게 "넌 그걸 왜 하니?"라고 물어보면 대부분 "재밌잖아요!"라고 답한다. 이 아이들은 재미없으면 그 무엇도 하지 않으려 한다. 아이덴티티 세대인 부모 입장에서 보면 참 답답할 수밖에 없다. 부모는 "재미가 없어도 지금 꼭 해야 할 일이 있는데 그걸 안 하면 나중에 미래가 어떻게 되겠니?"라고 걱정하며 아이에게 푸시를 한다. 그래도 아이덴티티 멘털의 부모는 아이가 뭘 원하는지 물어도 보고 대화도 하는데, 서바이벌 멘털의 부모는 "그걸 한다고 돈이 나오느냐, 밥이 나오느냐?"며 화부터 낸다. 그러면서 "누구는 좋은 거 몰라서 안 하느냐?", "너 재밌는 거, 하고 싶은 거 다 하면서 돈을 벌 수 있을 줄 아느냐?" 대화가 이런 식으로 진행이 된다. 펀 세대 아이들 입장에서 보면 서바이벌 세대나 서바이벌 멘털을 가진 아이덴티티 세대로 인해서 숨이 막힐 지경이다.

먹고사는 것에만 목을 매었던 서바이벌 세대 부모뿐 아니라 자녀를 최고의 스펙으로 만들고 싶어 하는 부모들도 아이들과의 대화는 어렵다. 어려서부터 피아노 · 영어 학원에 봉사 활동, 해외 연수 등 남보다 좋은 스펙을 만들어주기 위해 온갖 노력을 다하는데도 아이들은 뭐가 불만인지 말 한 번 붙이기도 어렵다. 묻는 말에 대답 안 하기는 일쑤고 때로는 투명인간 취급도 한다. 공부에 짓눌리고 청년 실업에 짓눌린 아이들과 전쟁을 치르고 있는 중년이 부지기수다. 중년 남성들은 윗세대들이 누렸던 아버지로서의 권위는 누리지 못하면서 부양의 책임은 더욱 늘어난 고달픈 세대다.

앞에서 언급한 각각의 세대 간 차이는 각 세대들이 가지고 있는 가장 중심적 경향에 대해 이야기한 것이다. 중심적 경향이 그렇다는 것이지 그것만 있다는 얘기는 아니다. 감각을 기초로 하는 펀 세대도 '감각-아이덴티티-서바이벌' 순서로 우선순위를 두고 있다고 보면 맞는다. 아이덴티티 세대는 '아이덴티티-서바이벌-감각' 순서로, 서바이벌 세대는 '서바이벌-아이덴티티-감각'의 순서로 삶의 우선순위를 둔다고 이해하면 되겠다. 사실 인생을 살려면 서바이벌도 필요하고 아이덴티티도 필요하고 펀도 필요하다. 종합적인 입장에서 보면 사람이 즐겁기도 해야 되지만 자기가 좋아하는 것을 열심히 해야 하고 생존에 대한 대비도 있어야 한다. 서바이벌 세대는 펀이나 아이덴티티를 희생하며 산 세대고, 아이덴티티 세대는 서바이벌과 감각을 희생하면서 산 세대다. 펀 세대는 서바이벌이나 아이덴티티를 떼놓고 즐거운 것만 하려고 하는데, 이들도 직장생활을 하면서 조금씩 달라진다. 이런 것을 염두에 두고 대화를 할 수 있다면 "나는 문제가 없는데 네가 잘못됐다."는 손가락질을 멈추고 세대 간의 갈등도 줄어들 수 있을 것이다.

05

집에 와도
자리가 없다

아내에겐 찬밥 신세

—

중년 남자들이 아이들에게 밀리는 모습은 식탁에서 주로 나타난다.
회사 임원인 사람이 상담을 왔다. 능력도 있고 남성적이고 포용력이 있
어 회사에서는 인정받는 사람이고 직원들도 이 사람하고 일하는 것을
좋아할 정도이다. 그런데 집에만 가면 아내에게 서운함을 느낀다고 했
다. 그것도 다른 문제가 아니라 닭다리 때문이었다. 보통 치킨을 시키
면 닭다리가 두 갠데, 부인은 하나는 아들한테 하나는 딸한테 줬다. 한
두 번도 아니고 매번 그러는 아내의 행동에 대한 불만이 누적되면서 이
사람은 너무 힘들어졌다.

이분이 하는 얘기가 "닭다리를 먹고 싶어서 아내에게 섭섭하기도 하지만 꼭 그것 때문만은 아니다. 아예 닭다리를 나한테 줘서 내가 하나는 딸을 주고 하나는 아들을 주게 하면 괜찮을 것 같다."고 했다. 나는 부인에게 말을 하라고 했다. 그러나 이 사람은 그런 말은 할 수가 없다고 했다. 남자로서 위신이 있지 어떻게 먹는 것 가지고, 그것도 자식이 먹는 것을 가지고 얘기를 하느냐고 반문을 했다. 이 사람에겐 그런 말을 하기가 어려운 이유가 있었고 나는 상담을 통해 그 부분을 다루었다. 그리고 드디어 이분이 아내에게 얘기를 했다. 그랬더니 부인이 깜짝 놀라더란다. 남편과 30년을 살았는데 자기 남편은 능력 있고, 남성적이고, 자기가 불평해도 웬만한 건 다 받아주고, 너그럽고 이해심이 많은 사람이라고 생각했기 때문에 닭다리 때문에 서운해하리라고는 한 번도 생각을 해본 적이 없었던 것이다. 부인은 "그걸 왜 진작 말을 안 했느냐?"며 바로 남편에게 닭다리를 주었다. 그때부터 이 사람이 닭다리를 먹을 수 있게 되었다.

남자가 아이들에게 밀리게 되는 상황은 첫아이가 태어날 때부터 시작된다. 애를 낳으면 그때부터 여자는 남편을 제치고 아이에게 몰입한다. 애를 돌봐야 하니 자연스러운 일이기도 하다. 부인은 "당신이 이해를 해."라고 방어를 하지만, 남자 입장에서는 그때부터 섭섭해진다. 서운해지면서 심리적으로 점점 더 멀어진다. 그런데 부인은 남편이 멀어지고 있음을 모른다. 아이가 너무 예쁘니까 아이한테 딱 붙어 남편에게는 신경을 덜 쓴다.

중년기쯤 되면 아이와 엄마는 딱 붙어 있다. 남자는 집에 들어가도 자기 자리가 없다. 가장이란 외면적인 자리는 있으나 심리적으로 남편, 아버지로서의 자리가 없다. 심리적인 자리가 없으니까 마음 갈 데가 없다. 중년기에 신체적으로도 위기를 경험하고 직장에서도 위기를 경험하는데 집에 와도 자리가 없다.

자녀에겐 명목상 아버지

"당신은 집에 오면 TV만 보느냐?"

남자들이 집에서 많이 듣는 소리다. 집에 있는 시간이 많지도 않은데 집에 있을 때라도 가족들과 얘기도 하고 외식도 하면 좋은데, 사실 얘기를 시작하면 싸움이 되는 경우가 많다. 말을 하다 보면 아이에게는 성적 얘기를 하게 되니 아이가 싫어하고, 아내에게는 잔소리가 되니 할 말이 없기도 하다. 대화가 없으면 서로 무슨 마음으로 하루하루를 살고 있는지, 무엇을 위해서 살고 있는지, 그렇게 사는 것이 가족과 무슨 관계가 있는지 모른다. 삶에 대한 청사진이나 방향에 대해선 서로가 모른 채 그냥 살게 된다. 이런 것이 공유되어야 함께 살아가는 의미가 있는데 대화를 나누지 않으니 같이 살지만 함께 살지 않는 것과 같다.

남자들이 집에 늦게 들어오면 아이들 얼굴을 보기 어렵다. 그러다 보니 부인을 통해 애들의 상태를 듣게 된다. 부인을 통해 듣는 아이들의 애기엔 부인이 가지고 있는 가치관이나 오리엔테이션이 개입된다. 그러니 인포메이션이 정확하지 않을 수 있다. 상황을 모르는 남편 입장에서는 아내 말만 듣고 아이가 큰일이라는 생각을 하게 된다. 이렇게 간접적 관계를 계속하다 보면 아버지는 말로만 아버지가 된다. 명목상 아버지다.

그러다 어느 날 아이가 낯설어진다. 내 아들이고, 내 딸인데 어느 날 보니 얼굴도 변하고 몸도 변하고 얘기를 해보면 예전과 너무 다르다. 중년이 되면 낯선 느낌보다는 익숙한 홈이 필요하고 정서적으로 친밀한 느낌이 필요한데, 자식에게 낯선 느낌, 타인 같은 느낌을 받는다. 아버지 부재 현상의 결과다. 부인하고도 정서적 관계가 안 되는데 애들하고도 이렇게 낯선 느낌이 자꾸 들면 남자들은 집에서 설 자리가 없다.

이런 부재 현상이 지속되다 중년기가 되면 위기가 닥친다. 남자가 직장에서 쫓겨나게 되면 대체로 부인들의 반응은 "그러면 우리는 이제 어떡해?"이다. 그 '우리' 속에 남편이 없는 경우가 많다. 자기하고 자식뿐이다. 물리적 부재, 정서적 부재, 심리적 부재, 영적 부재로 산 남자들이 중년기에 이렇게 된다. 참 안된 일이다.

중년 남성의 위기는 파워의 위기

중년에는 이렇게 신체적으로, 성적으로, 직장에서, 가정에서 파워를 상실해간다. 남성들은 파워를 추구하는 존재인데 전방위적으로 파워를 잃으니 중년기가 힘들다. 남성은 왜 그렇게 파워를 추구할까? 이는 남성의 성적 정체성 때문이기도 하고 사회적인 이유와 심리적인 이유 때문이기도 하다.

우선 성적 정체성 면에서 보면 남성은 일하는 존재다. 대다수의 남성이 사회에서 일을 하는데, 일을 하려면 파워가 필요하고 파워를 통해서 일을 하는 경우도 많기 때문이다. 한편으로는 일을 통해서 파워를 얻기도 한다. 즉, 파워와 일은 불가분의 관계다. 이런 면에서 남성들은 자연스럽게 힘 지향적, 일 지향적이 된다. 여성이 아름다움을 추구하듯 남성이 파워를 추구하는 것은 자연스럽다.

남성들이 파워를 추구하는 사회적인 이유는 사회 전체가 힘을 추구하기 때문이다. 사회 구조를 보면 권력을 가진 사람들, 경제력을 가진 사람들, 정보를 가진 사람들, 그리고 인기를 많이 누리는 사람들은 엄청난 부와 혜택을 누리면서 산다. 법과 상식을 넘어서서 자신이 원하는 것을 마음껏 할 수 있는 환경 속에서 산다.

남성들이 파워를 추구하는 심리적 이유는 '주변인 증상' 때문이다. 사회엔 언제나 주인공들이 있다. 정치인, 성공한 CEO, 스포츠 스타, 인기 연예인, 드라마의 주인공 등 다른 사람들의 주목을 한눈에 받고 있는 사람들은 모두 주인공들이다. 주인공들은 막강한 힘을 갖게 된다. 정치적 인기는 곧 권력을 가져다주고 돈을 통한 힘은 금권을 가져다주며 대중적 인기는 연예인, 가수, 스타들에게 막대한 부를 안겨준다. 주인공 중심의 현대 사회는 내면적으로 불안한 정선 씨 같은 사람들은 물론 심

남자의 후반전

리적으로 특별히 다른 사람들보다 뒤처지거나 열등하다는 인식이 없는 사람들조차도 주변인 같은 느낌을 갖게 한다. 그래서 모두 주인공이 되려는 대열에 참여하게 된다. 주인공 중심의 사회는 곧 힘 중심의 사회다.

이런 사회에서는 힘을 추구하는 삶인 일 지향적 성향이 환영을 받는다. 사회는 일 잘하는 사람들을 대우하고 인정하며 경제적 또는 사회적으로 많은 보상을 한다. 많은 남성들이 이런 보상을 위해 치열한 경쟁을 하며 일 중심의 삶을 살아간다. 때로 일 중독적 경향을 보이기도 하는데, 이는 일을 하지 않으면 불안하고 다른 사람들보다 뒤처져 쓸모없는 느낌이 들어서다. 끊임없이 노력해서 다른 사람들보다 우위를 점해야만 자신이 쓸모 있는 사람, 가치 있는 사람, 괜찮은 사람 같다는 생각이나 느낌을 가질 수 있어서다. 자신의 열등감을 극복하기 위해 우월감을 느끼려고 한다.

정선 씨의 스토리에서 얘기했듯이 이러한 경쟁에서 일찍 탈락하는 사람들은 심리적으로 실패-실패의 인생을 산다고 느낄 수 있고, 우위를 점하여 사회적으로 성공한 사람들은 심리적으로 성공-실패의 인생을 산다고 느낄 수 있다. 중년에 위기를 경험하는 이유는 중년의 때가 자신의 성공 이유였던 사회적 보호 장치로부터 떠나거나 경제적 또는 신체적 능력이 상실되는 시기이기 때문이다. 그동안 외면적 성공에 가려져 마음속에 잠복되어 있던 열등감, 의심, 창피, 불신이 한꺼번에 전면에 부상을 하게 되면서 파워리스powerless를 체험하는 위기를 겪게 된다.

3부

파워에
목매는 이유

01

두려움이 클수록
허세를 부린다

청소년기의 허세가 반복되다

청소년기 아이들이 보이는 가장 큰 특징 중의 하나가 '허세'입니다. 고민 없던 아동기가 끝나고 청소년이 되어보니 공부도 외모도 다 남들과 비교되어 힘이 듭니다. 잘하고 싶다는 열망, 폼 났으면 하는 바람, 그런데 힘들이지 않고 저절로 되었으면 하는 마음이 현실을 보면서 무너집니다. 이렇게 왜소해진 상태의 자신을 보면서 아이들이 쓰는 가장 흔한 방어기제가 부인하고, 오히려 과장해서 대처하는 것입니다. 큰소리치고 말 못하게 하고 두고 보라고 하고 까칠한 분위기 만들고 하는 등등. 이는 아이들이 힘들어서이기도 하지만 두려워서 만드는 분위기이기도 합니다. 최대한 허세를 떨어서 순간순간 모면하고 말로 받는 심각한 자기애적 손상을 줄여보려고 하는 것이죠.[4]

이 글의 청소년, 아이들이라는 단어를 중년으로 바꿔보자.

중년 남성들이 보이는 가장 큰 특징 중의 하나가 '허세'입니다. 어느덧 중년이 되어보니 능력도 재력도 외모도 다 남들과 비교되어 힘이 듭니다. 잘하고 싶다는 열망, 폼 났으면 하는 바람, 그런데 힘들이지 않고 저절로 되었으면 하는 마음이 현실을 보면서 무너집니다. 이렇게 왜소해진 상태의 자신을 보면서 중년 남성이 쓰는 가장 흔한 방어기제가 부인하고, 오히려 과장해서 대처하는 것입니다. 큰소리치고 말 못하게 하고 두고 보라고 하고 까칠한 분위기 만들고 하는 등등. 이는 중년 남성들이 힘들어서이기도 하지만 두려워서 만드는 분위기이기도 합니다. 최대한 허세를 떨어서 순간순간 모면하고 말로 받는 심각한 자기애적 손상을 줄여보려고 하는 것이죠.

20~30여 년의 차이가 있는 청소년과 중년 남성을 바꿔도 무리 없이 읽힌다. 자기의 힘과 능력이 원하는 만큼 세지 않을 때 남자는 자기애의 상처를 느끼고, 허세를 부려서라도 힘이 있음을 증명하고 싶어 한다. 큰소리치고 허세를 부릴수록 그 이면에는 무능력한 자신, 초라한 자신,

---

4 김현수, 『중2병의 비밀』, 덴스토리, 2015

파워리스한 자신이 노출될까 봐 두려워하는 마음이 크다. 이 두려움에서 벗어나보고자 필사적으로 힘을 키우려 한다. 남의 떡이 커 보여 자꾸 주변을 기웃거리고, 이 사람 저 사람 말에 휘둘린다. 직장에서도 다른 사람이 잘되면 위협을 느끼고 시기, 질투를 하면서 열등감을 느낀다. 잘 다니던 직장을 그만두고 자기 사업을 시작하기도 하고 물려받은 사업이 있는 사람들은 수성만 잘해도 되는데 새로운 사업에 손을 대어 자신을 과시하고 싶어 한다. 세상 사람들에게 "내가 이렇게 잘했다."라고 말할 것이 있어야 괜찮은 사람이라고 느끼기 때문이다. 이것이 '허세', '심리적 인플레이션inflation'이다. 나를 키우고 팽창시키고 싶은 심리다. 더 이상 기회가 없다는 생각에 중년기에는 심리적 인플레이션이 최고조에 이른다.

뭔가를 보여주리라

'왠지 내가 나 아닌 것 같다.'고 생각하며 자신의 인생을 낯설어한 정선 씨의 위기는 정체성의 위기였다. 자기 정체성을 확립한 사람들은 '누가 뭐라고 하든 갈 길을 간다.' 그러나 정체성이 없는 사람은 '내 길'이 뭔지조차 모른다.

알고 지내는 분 중에 중소기업을 운영하는 분이 있다. 연 매출이 300억 원 정도 되고 순이익이 30억~40억 원 되는 회사를 빚도 없이 매우 건실하게 운영하고 있다. 회사에 관해 이야기를 듣다가 내가 말했다.

"회사 매출도 많고, 순이익도 괜찮고 참 부자시네요."

그는 내 말에 대뜸 이렇게 얘기했다.

"저, 부자 아닙니다. 내 주변에는 순익만 수백억 원씩 내는 사람들이 많습니다."

이 얘기는 정체성 문제와 연결된다. 자기 정체성이 확실한 사람들은 '내가 30억 원을 버니 이걸 가지고 이렇게 하면 되겠다.' 이게 되는데, 그렇지 않은 사람들은 그게 안 된다. 순익 수백억 원짜리가 보인다. '나도 저 사람처럼 수백억 원씩 벌고 싶고, 그보다 더 나아지고 싶다.'는 마음이 자꾸 든다. 그러다 보니 무리수를 두게 된다. 자기의 현실은 생각하지 않고 커 보이는 상대만 눈에 들어온다. 이것이 정체성이 없는 사람들이 가지는 '타인 지향성'이다.

사실 '뭔가를 보여주리라' 이 주제는 중년기만의 주제는 아니다. 대단히 고전적인 주제로 이전에도 있었고 지금도 있고 인류가 멸망할 때까지 진행될 주제다. 인간은 신학적으로 보면 죄인이고 철학적으로 보면 작은 존재다. 그래서 내부에서는 끊임없이 커지려고 한다. '나'라는 존재가 불완전하니까 완벽해지고 싶어 한다. 역설적이게도 커지고 싶어 하고 완벽해지고 싶어 하는 사람들은 자신들 스스로 작고 불완전함을 인식하고 있다. 큰 존재는 커지고 싶어 하지 않는다. 이 마음이 정치 분야에서는 권력, 경제 분야에서는 돈, 사회 분야에서는 명성에 대한 욕구로 나타난다. 문학이나 예술 분야에서는 명작, 베스트셀러에 대한 욕구로 나타난다. 나타나는 방식만 다르지 그 이면에 있는 심리적 주제는 모두 똑같다. 다 자기를 키워보고 싶은 마음이다. 이것을 자기애적 경향 narcissistic tendency, 자기애적 태도 narcissistic attitude 라고 한다. 무리수를 두는 사람은 병리적인 자기애를 갖고 있는 사람이다.

'뭔가를 보여주리라.' 다짐하고 이 악물고 성공을 했다 하자. 내가 이렇게 말하는 내담자에게 묻는 말이 있다. "그래서 뭐할 것인가? 어디에 쓸 건가?" 이런 질문을 받으면 사람들은 멍해진다. 거기까지는 생각해 보지 않았던 것이다. 대답을 하기는커녕 오히려 자기도 왜 그렇게 뭔가를 보여주려 했는지 궁금해한다.

뭔가를 보여준 직후에는 주변에서 칭찬도 받고 스스로도 뿌듯함을 느낄 수 있을 것이다. 그러나 그것으로 끝이다. 사람들은 계속해서 환호하지 않는다. 더 봐주고 칭찬해주었으면 좋겠지만 그들도 바쁘다. '뭔가를 보여주리라'는 자기애의 만족 narcissistic gratification 으로 끝난다. 이렇게 되면 그때부터는 "왜 뭔가를 보여준 나를 안 봐주느냐고!"라며 소리를 지른다. 이런 사람이 사장이 되면 직원들을 호되게 야단치고 괴롭힌다. 가장이 되면 가족들을 엄청 못살게 군다. 성공했더라도 사람을 괴롭히고 성공 못하면 그야말로 찌질이가 되어 사람을 괴롭힌다. 이유는 "왜 나를 안 알아주느냐"다. "뭔가를 보여주리라."는 "나 잘났다. 무시하지 마라. 잘난 나를 알아 달라."다.

커지고 싶다, 완벽해지고 싶다, 나를 섬겨라!

———

물론 인간이 발전하고 성장하는 데는 '커지려고 하는 욕구'가 동력이 된다. 이 욕구가 사회적으로 용인된 방식으로 나타나면 건강한 자기애가 되지만, 그렇지 못하면 병리적인 자기애가 된다. 아이들이 자랄 때 부모의 칭찬을 받으면 뿌듯해하며 주변에 자랑한다. 여기까지는 괜찮다. 그런데 "나 잘했지? 그러니 너희들은 다 내 말을 들어야 해. 안 들으면 콱 때려준다!" 이러면 문제가 된다. 이것이 병리적인 자기애다. 병리적인 자기애에는 과시욕이 따라온다. 데이비드 마이어스라는 학자는 과시욕을 self-serving bias라고 했다. 끊임없이 "나만 섬겨라."고 외치는.

사람들에게 어느 정도의 과시욕은 있다. 건강한 자기애를 가진 사람은 자기 안에 과시욕이 있음을 인정하고 조절한다. 그러나 병리적인 자기애를 가진 사람은 그런 조절 능력이 없다. 자기 존재를 드러내려고만 하고 섬김을 받으려고만 한다.

조절 능력은 청소년기 때부터 키워야 된다. 그때 현실감이 생기기 때문이다. 자신이 아무리 하고 싶더라도 할 수 없는 것이 있고 해서는 안 되는 것이 있음을 알 수 있는 나이가 청소년기다. 아이들이 조절 능력을 키우려면 부모가 조절 능력이 있어야 한다. 어렸을 때 엄마·아빠로부터 "거짓말하면 안 된다, 친구와 싸우면 안 된다, 교통질서는 꼭 지켜야 된다." 등등의 얘기를 들었다. 엄마·아빠도 말한 것처럼 하고 있는 줄 알았는데, 청소년기에 보니 그렇지 않았다. 아이들은 이때 부모에 대한 환상이 깨지는 아픔을 겪는다. 말하는 것과 다른 현실을 살고 있는 부모를 미워하며 받아들이려고 애를 쓴다. 그러면서 정신적인 독립을 시작한다.

"왜 우리한테는 이거 해라 저거 해라 하면서 엄마·아빠는 안 해?" 아이들이 이렇게 얘기할 때 부모들이 인정해야 한다. "맞아. 너도 그렇게 해야 되지만, 나도 해야지. 내가 잘못했구나." 이렇게 얘기해야 아이들에게 조절 능력이 생긴다. 그런데 많은 부모들이 "그건 너만 지키는 거야, 난 안 지켜도 돼!", "나는 부모고 넌 자식인데 너랑 나랑 같아?"라고 한다. 힘이 있으면 마음대로 해도 된다는 얘기다. 아이들이 이런 것을 보고 자라면 하고 싶은 것을 참거나, 하고 싶지 않은 것을 하는 조절 능력이 키워지지 않는다. 이러한 가정교육의 문제가 사회 지도층의 문제로 이어질 수 있다.

가정에서도, 사회에서도 이런 식이면 병리적인 자기애가 조절되기 어렵다. 힘 있는 사람은 불법을 저질러도 된다는 힘의 논리가 우세할수록 병리적인 자기애도 강해진다. 너도 나도 힘을 가지고 싶어 하고, 일단 힘을 가지면 '나를 섬기라'며 과시욕을 부리게 된다. 그것이 안 되면 '찌질이'가 된다.

지금이라도 늦지 않았다. 중년기도 늦지 않다. 이때라도 자기 정체성을 확립하면 인생을 아름답게 마무리할 수 있다. 그렇지 않으면 주변을 괴롭히며 불행한 인생을 살아갈 확률이 너무 높다. 노후 대비는 돈만으로 하는 게 아니다. 마음에서부터 해야 한다. 마음으로 노후 대비가 된 사람들은 적은 돈을 가지고도 만족스러운 삶을 살 수 있지만 그렇지 않은 사람들은 많은 돈을 가지고도 불행하게 산다.

02

인생의 못다 한 숙제가
발목을 잡는다

에릭 에릭슨은 인간의 발달이 '자아의 정체감 형성'에 있다고 얘기
한다. 자아는 인간의 발달에 있어서 가장 중요한 역할을 하는 마음의
대변자 또는 관리자로서 작용한다[5]. "정체감을 통해서 인간은 한 사람
의 개인으로 존재하며 다른 사람들과 분리되는 유일성과 독특성을 갖
게 된다. 정체감은 또한 사회 속에서 자신의 위치를 찾고 행할 일과 하
지 말아야 할 일을 구분하는 준거로서와 한 개인의 연속성과 통합성을
책임지는 역할을 하고, 일정한 느낌을 가지고 삶을 살아가도록 하는 원
동력으로서의 역할도 한다."[6] 에릭슨은 정체감을 전 생애를 통해 일어
나는 현상이라고 했다.

---

[5] 김용태, 『가족치료 이론』, 학지사, 2013
[6] 위의 책

남자의 후반전

에릭슨은 인간이 성장하면서 거치는 발달의 단계를 연령별, 주제별로 여덟 단계로 나누었다. 신뢰단계, 자율단계, 주도단계, 근면단계, 정체성단계, 친밀단계, 관용단계, 통합단계다. 각각의 발달단계를 잘 거치면 각 단계에 알맞은 덕이 생기지만, 그렇지 않으면 위기가 발생한다. 마치 학생들의 학년이 올라가는 이치와 비슷하다. 초등학생 시절에는 인간이 삶을 살아가는 데 가장 필요한 지식이나 기술들을 배운다. 이러한 것들을 제대로 배우지 않으면 앞으로의 삶을 살아가는 데 어려움을 겪게 된다. 중·고등학생 시절은 현실을 파악하고 정체성을 형성하는 시기다. 이때 정체성을 형성하지 못하면 평생 자기를 잃어버리고 살게 된다. 각각의 발달단계들은 그 단계에 반드시 필요한 발달과업, 즉 숙제들이 있다. 이러한 발달과업들을 성실하게 수행하게 되면 다음 단계의 발달과업이 쉬워지고 점차로 삶이 편안하고 행복해진다.

인생의 8단계와 단계별 숙제들

1단계 : 신뢰trust 형성하기

신뢰는 태어나 1년 6개월 사이에 형성된다. 갓 태어난 아기들은 양육자가 배고플 때 먹여주고 졸릴 때 재워주고 똥오줌을 싸서 불쾌할 때 잘 치워주고 웃는 모습으로 대하면 '아, 세상은 살 만하다.'고 느낀다. 이렇게 부모와 자녀 사이에 기본적 신뢰가 생기면 아기는 삶에 대한 희망이라는 미덕을 갖게 된다. 희망은 인간이 살아가는 데 있어서 중요한 덕이다. 아무리 어려운 상황에 처하더라도 희망이 있는 한 사람의 삶은 지속될 수 있다.

그러나 배가 고파도 먹여주지 않고 졸린데 재워주지도 않으며 똥오줌을 싸도 치워주지 않아 불쾌한 상태로 방치되거나 엄마가 찡그리거나 무표정한 얼굴로 대하면 아기는 '사는 것이 힘들다.'는 느낌을 갖게 된다. 이 세상을 고통스럽게 느끼고 세상에 대해 불신감을 갖는다. 불신은 무서움과 두려움을 만들어내기 때문에 적극적으로 환경을 탐색하려 하지 않고 엄마 뒤에 숨게 만든다. 자신의 발달에 필요한 여러 가지 정보들을 얻지 못하고 의지를 가지고 무엇인가를 해야 할 때 제대로 의지력을 발휘하지 못하게 된다. 자신이 없고 힘이 없으며 늘 안전만을 추구하는 삶을 살게 된다. 즉, 자폐적 사람으로 살아가게 된다. 이처럼 아기가 이 단계에서 신뢰를 형성하면 평생 희망을 가지고 살게 되고, 불신을 갖게 되면 자연스럽게 폐쇄적인 사람이 된다. 이것이 발달의 첫 번째 단계에서 일어나는 과업과 위기다.

2단계 : 자율성autonomy을 발휘하기

1단계에서 양육자에 대한 신뢰감을 형성한 걸음마기 유아는 자기 의지대로 행동하기 시작하면서 자율적, 주장적이 되어간다. 이때 아이의 의지를 꺾고 처벌을 심하게 하면 자신의 생각에 대한 의심과 수치심을 갖게 된다.

생후 1년 6개월에서 3년 사이의 아이들은 무엇이든 만지려 하고 잡으려고 한다. 자신의 뜻대로 되면 재미있어하고 더 하고 싶어 한다. 이렇게 자율성을 제대로 발달시키면 덕으로 의지력이 생긴다. 그러나 아이가 이런 자율성을 행사할 때 주변에서 지나치게 야단을 치거나 억제를 해 강제로 쥐고 있는 물건을 놓게 하면 아이는 창피해하며 자신에 대해서 의심하는 마음을 갖게 된다. 이런 아이들은 지나치게 고집이 세고 쥐면 놓지 않으려는 신경증적 경향을 갖게 된다. 또한 다른 사람들과의 관계를 맺는 데 주저하는 마음을 가지고 다른 사람들이 보는 앞에서 자신의 의지력을 발휘하는 행동을 하는 데 어려움을 갖게 된다.

3단계 : 주도성initiative 갖기

의지력이 생긴 아이들은 놀이에서 주도권을 갖고 싶어 한다. 세 살에서 다섯 살 반 사이의 아이들은 자신의 주도하에 놀이를 하려는 경향이 강해진다. 서로 주도를 하려고 소리를 지르고 심한 경우에는 상대방을 밀치고 때리는 행동도 하게 된다. 이런 과정을 통해서 아이들은 자신의 역할을 배우고 역할에 맞는 행동을 하게 된다. 성 역할도 이때 확고히 하게 된다. 즉, 목적의식conscience of purpose이 생긴다. 목적의식이 뚜렷한 아이들은 자신들이 하는 일의 성격이나 방향 등을 분명하게 알고 이를 추진하는 힘을 갖는다.

그러나 주도성을 확립하는 데 실패하면 유아적 질투심을 느끼고 상대방을 공격한다. 예를 들어 대장 역할을 하고 싶었는데 실패하면 대장을 하고 있는 아이에게 질투심을 느끼고 몰래 해를 끼치기도 한다. 다른 아이들을 조종해서 대장을 괴롭히기도 한다. 이런 과정에서 아이들은 스스로에게 죄의식을 느낀다.

4단계 : 근면성industry 배우기

다섯 살 반에서 10~11세에 이르는 이 단계의 아동들은 학교를 통한 사회생활을 하게 된다. 앞으로의 삶에서 필요한 가장 기본적 지식들과 기술들을 익히는 시기다. 아이들은 읽기, 쓰기, 셈하기 등 자신에게 필요한 것들을 습득하고 학교 과제들을 수행함으로써 근면성을 발휘하고 자신감competence을 갖는다. 자신감이 생긴 아이들은 진취적이고 적극적이면서 새로운 것을 탐색하고 탐험해나간다.

그러나 읽기나 셈을 제대로 못하는 아이들은 학교생활을 재미없어 할뿐더러 열등감sense of inferiority을 느낀다. 근면성을 발휘하지 못해 주어진 과업을 완성하지 못함으로써 이들은 자신에 대해 부적절감을 느끼며 의무적으로 일을 하거나 불필요한 것에 집착하는 경향을 보인다. 외부적인 강압이 아니면 일을 하지 않거나 못하고 필요하지 않은 것에 집착하는 의존 성향을 보인다.

5단계 : 정체성identity 형성하기

청소년기 아동은 새로운 역할이나 성인으로서의 모습 등 자신의 실체나 역할에 대한 여러 가지 생각을 하게 된다. 부모는 청소년 자녀에

남자의 후반전

게 여러 가지 역할이나 활동을 할 수 있는 기회를 제공함으로써 긍정적인 정체감 형성을 도와줄 수 있다. 이 시기는 전기$^{10(11)\sim16세}$와 후기$^{16\sim21세}$로 나누어진다.

청소년기 시작의 가장 큰 특징은 성호르몬의 왕성한 분비다. 2차 성징이 나타나면서 이성에 대한 관심이 폭발적으로 증가하고, 성적 성숙으로 인한 신체적 변화가 일어난다. 동시에 부모로부터 독립하고 싶어 하는 심리가 생기며, 사회 속에서 자신의 역할을 조정하고 적응하는 사회적 변화가 급격하다. 이러한 변화를 자신의 삶에 잘 통합하면 자아 정체성을 갖게 되고, 그 결과로 자신의 삶에 지속적으로 투자할 수 있는 충실성^{fidelity}을 갖게 된다. 자아 정체성이 분명하고 뚜렷해지면 지속적으로 무엇인가를 하는 사람이 된다.

그렇지 않으면 역할 혼돈$^{role\ confusion}$이 생긴다. 자신의 정체성이 뚜렷하지 않으면 유명 인물들과 자신을 지나치게 동일시하는 경향이 생긴다. 성적 경계선을 긋는 데도 어려움이 생긴다. 지나친 집착이 생기거나 관계를 단절하고 혼자만의 세계로 빠져드는 경향도 생긴다.

6단계 : 친밀^{intimacy}한 관계 맺기

정체성을 형성한 청년들은 다른 사람들과 친밀한 관계를 형성한다. 21~40세가 이 시기다. 친밀한 관계란 자신의 마음과 시간, 에너지를 내어주면서도 자신을 잃지 않는 것을 말한다. 정체성이 분명해야 자신이 좋아하는 것과 좋아하지 않는 것을 상대방에게 말할 수 있고 상대방의 좋은 것과 싫은 것을 구분해서 받아들일 수 있다. 특히 이성과의 관계에서는 성적인 관계를 통해서 친밀해지고 다음 세대도 준비한다. 친밀한 관계가 잘 형성되면 덕으로 사랑이 생긴다. 사랑의 마음을 가지고 사람들과 관계를 맺으면서 의미 있는 삶을 살게 된다.

친밀한 관계를 잘 맺지 못하면 다른 사람들로부터 자신을 소외시키게 된다. 이런 사람들은 건강한 이성 간의 관계를 확립하지 못하기 때문에 자칫하면 엄격한 금욕적 삶을 살거나 난잡한 성행위를 하는 사람으로 전락한다. 다른 사람과 있으면서도 외로움과 고독을 느끼고 실제로 성행위를 하면서도 즐거움이나 기쁨을 제대로 느끼지 못하는 사람이 되기 쉽다.

7단계 : 관용generativity 배우기

40~65세의 중년기에 접어든 사람들이 이 단계에 해당한다. 중년기는 다음 세대를 준비하는 사람들이다. 아이들과 젊은이들을 잘 키워서 사회의 다음 주역으로 키워야 한다. 이런 일을 잘 진행하면 돌봄이라는 덕이 생긴다.

그러나 이렇게 다음 세대를 돌보는 데 어려움을 겪는 사람들은 정체된다. 이들은 자신이 가지고 있는 가치관이나 생활 습관, 그리고 행동 양식만을 고집하기 때문에 젊은 세대나 아이들을 힘들게 만든다. 다음 세대를 돌보기보다 자신의 욕구를 충족시키기 위해 다음 세대를 착취한다.

남자의 후반전

8단계 : 자아 통합ego integrity 이루기

65세 이후 노년기에 해당하는 이 단계의 사람들은 다양성을 수용하게 된다. 자신뿐만 아니라 다른 사람들의 삶의 방식에 대해서도 개방적이고 열린 마음을 갖게 된다. 자신의 삶과 역사, 문화를 통합하는 삶을 살게 되며 이를 통해서 지혜라는 덕을 발달시키고, 이를 젊은이들에게 전달하고 전수하여 더 나은 삶을 살아가도록 돕는 역할을 한다.

반면에 자아 통합이 안 되는 사람들은 절망에 빠지게 된다. 더 이상의 기회도 없는데 후회되는 것들만 많다. 많은 나이 든 사람들이 '걸걸걸' 한다고 한다. '그때 이럴걸,' '저때 저럴걸' 후회를 하면서 사는 인생이라는 의미다.

발달단계의 핵심은 정체성 형성

에릭슨의 발달단계는 청소년기의 정체성을 중심으로 수렴했다가 다시 분산하는 과정을 거친다. 신뢰, 자율, 주도, 근면이라는 각 단계들은 정체성을 향해서 발달이 일어난다. 이런 의미에서 수렴이다. 정체성을 형성하고 나면 그 뒤에서는 자신을 내어주는, 즉 분산을 위한 단계들을 거치는데 이러한 단계들이 친밀, 관용, 통합단계들이다. 정체성을 중심으로 한 전반기의 단계들은 모두 자신이 누구인지, 무엇을 하고 싶은지, 어떻게 삶을 살지를 정립해가는 과정이다. 이 과정에 있는 사람들은 이기적일 수밖에 없다. 물론 이기적으로만 성장한다는 의미는 아니다. 자신이 누구인지를 분명히 하기 위해서 자신을 위한 삶을 사는 방식이 주

자아 정체감 VS 역할 혼돈

충실성

초기: 10(11)~16세 /후기: 17~21세

나는 누구인가? 나는 무엇을 하고 있나? 나는 무엇인가?

근면 VS 열등

5.5~10(11)세

자신감
기술 습득, 사회 적응

친밀 VS 소외

21~40세

사랑
친밀감 형성, 타인과 관계

주도 VS 죄의식

3~5.5세

목적의식
놀이를 통한 역할 연습

관용 VS 정체

40~65세

다음 세대 준비
자손을 돌봄

자율 VS 참피와 의심

1.5~3세

의지력
걷기, 움직이기

수렴

분산

신뢰 VS 불신

0~1.5세

희망
사회적 신뢰의 형성

자아 통합 VS 절망

65세 이상

지혜
상대성, 품위

종을 이룬다는 의미다. 이에 반해서 후반기의 단계들은 모두 자신의 정체성을 가지고 다른 사람들과 나누고 다른 사람들을 도우며 종국에는 자신의 삶을 모두 내어주는 이타적 삶이다.

에릭슨의 발달단계는 이처럼 이기적 삶인 수렴단계를 거쳐서 정체성을 형성하고, 이후 이타적 삶인 분산단계를 거치는 형태로 이루어져 있다. 이는 마치 건물을 짓는 원리와 비슷하다. 건물이 완성되기 전까지는 인력, 자재, 자본 등이 동원된다. 모든 필요한 것들이 건물을 짓는 데 들어가는 수렴의 단계이자 이기적 단적 단계이다. 이를 거쳐서 건물이 완성되면 이때부터 건물은 자신을 아낌없이 내어주는 단계로 접어든다. 즉, 분산의 단계들을 거치게 된다. 이런 내용을 그림으로 나타내면 왼쪽과 같다.

각 단계의 발달과제를 제대로 수행하지 못하면 다음 단계에도 영향을 미친다. 신뢰를 제대로 형성하지 못하거나 자율성, 주도성, 근면성을 제대로 형성하지 못하면 정체성을 형성하는 데 영향을 끼친다. 못다 한 숙제는 언젠가는 인생의 발목을 잡는다. 이 부분을 해결하고 넘어가야 한다.

못다 한 숙제가 만드는 증상들

무기력해지고 중독에 빠지기 쉽다

아기가 태어난 후 3년 사이에 심리적 기초가 세워진다. 이때 심리적 기초가 잘 형성되어 신뢰와 자율성이 발달된 아이들은 어른 말을 잘 안 듣는다. 말을 안 듣는다는 얘기는 자기가 하고 싶은 게 뚜렷하다는 얘기다. 어린아이들이 엄마 말을 안 듣고 떼를 쓰는 것은 자기가 원하는 것을 현실화하려는 노력이다. 애들 입장에서는 큰 싸움이다. 이런 대단한 일을 하는 아이를 다시는 떼를 못 쓰게 기를 꺾어놓는 부모들이 있다.

부모에게 기가 꺾인 아이는 말 잘 듣는 아이가 된다. 말을 듣지 않았다가는 부모에게 야단을 맞고 미움을 받는다. 감당하기 어려운 시련이다. 이때 아이는 생존하기 위해 자율성과 주도성을 포기한다. 아이를 힘으로 눌러서 말을 잘 듣게 만들었다는 뜻은 엄마·아빠가 건강하지 않은 사람이라는 뜻이다. 아이는 이런 부모를 신뢰하지 못한다.

주도성이 발달되지 않은 상태로 성장하면 무기력해진다. 주도성이라는 특성은 자기 자신을 꾸려갈 수 있는 힘이다. 불확실한 세상을 살아가려면 언제나 자기 안에 주도성이 있어야 된다. 자유 의지가 필요하고 자유로운 영혼이 필요하다. 주도성이 확실해지면 사람이 근면해진다. 하고자 하는 일을 이루고 싶기 때문이다. 뭔가를 성실하게 하는 행동이 근면성faithfulness인데, 이는 영어로 보면 '믿음이 충만한 사람'이란 뜻이다. 믿음이 충만하지 않으면 성실하게 못한다. 뭔가를 꾸준하게 하는 사람들은 일단 발달과업 차원에서 보면 주도성initiative이 해결된 사람이다. 주도성 문제가 해결 안 되면 무기력으로 가게 되고, 근면해지지 않는다. 뭘 해도 하다 말다 하면서 성취해내는 것이 없고, 그런 자신에게 자괴감을 느낀다. 그러면서도 잘하고 싶은 욕구는 있다 보니 이런 현실이 괴로워 이를 피하려고 중독에 빠진다. 남성들 중에 술 중독, 도박 중독, 성 중독에 빠지는 사람은 주도성과 근면성의 문제가 해결되지 않은 사람들이다.

정체성이 없으면 삶의 기쁨을 느끼지 못한다

초기 청소년기인 16세까지 신뢰, 주도성, 근면성을 배우지 못하면 정체성의 혼란을 겪는다. 그러면 서바이벌로 살게 된다. 자기 자신으로 살지 못하고 외부의 요구에 맞추어서 삶을 산다. 이렇게 되면 마음을 나누는 정서적 관계를 하지 못하고 일만 하며 살게 될 수 있다. 1단계의 기본적 신뢰가 형성이 안 된 사람들은 세상은 믿을 만한 곳이 못 되니 모든 걸 투쟁을 통해 얻어야 한다고 생각한다. 그래서 살아남으려고 열심히 산다. 모든 초점이 서바이벌 쪽으로 가 있다. 새벽부터 밤늦게까지 쉬지도 않고 근면하게 사는데, 존재로서가 아니라 기능적으로 열심이다. 돈을 벌 수 있고 사회적 지위를 얻을 수 있는 것이라면 무엇이든 상관없다. 이렇게 열심히 해서 주도성도 생기고 근면성도 생겨 정체성이 형성되기는 하는데, '쓸모 있는 기계적인 인간' 쪽으로 형성이 된다. 이렇게 사는 사람들은 만성 우울이기 쉽다. 열심히 사니까 성공은 하지만 어느 시점에서 더 이상 기능을 하지 못하는 단계에 오면 모든 것을 포기하고 싶은 마음이 들기도 한다. 이러한 마음을 가진 사람들 중 일부가 중년기에 자살을 한다. 중년기가 되면 더 이상 기능만으로는 못 버티기 때문이다.

존재로 사는 사람들은 좋아하는 일을 하면서 산다. 자꾸 해보고 싶고 도전하고 싶어진다. 존재적으로 주도성이 있고 근면성이 있는 사람들은 삶을 재미 [fun] 있게 살아간다. 일이 재미있으니 열심히 한다. 일을 하는 데서 기쁨 [joy] 을 누린다. 기쁨은 정체성과 관계가 있다. 정체성이 형성된 사람들은 삶에 대한 기쁨을 느끼고 즐거움도 느낄 수 있다. 자기가 하는 일에 대한 기쁨 중 하나가 보람이다. 상담을 하다 보면 내담자들이 "교수님~. 교수님은 제 허락 받고 돌아가셔야 돼요. 제 문제 해결될 때까지 절대 돌아가시면 안 돼요."라는 말을 종종 한다. 이런 이야기를 들으면 참 보람이 있다. 상담을 하며 힘들 때도 있고 짜증도 나고 신경질도 나곤 하는데, 이런 보람 때문에 살맛이 나고 상담할 맛도 난다. 이 보람이 기쁨 중 하나다. 정체성이 형성된 사람들은 일을 하며 삶에 대한 기쁨을 느낀다.

올인하거나 상대를 지배하는 데이트

청소년기는 발달단계상 5단계다. 이때까지 발달단계별로 과제를 제대로 하지 못해 정체성이 형성되지 않으면 데이트를 할 때 1차적으로 문제가 불거진다. 거기서 해결이 안 되면 잠복했다가 중년기 때 본격적으로 문제를 일으킨다.

데이트는 자기를 나누는 시간이다. 자신의 시간, 돈, 에너지를 써야한다. 그런데 정체성이 형성되지 않은 사람들은 주지 못하고 가지려고한다. 겉으로 보면 시간, 돈, 에너지를 다 쓰는 것처럼 보이지만 실은 자신을 위해서 이런 행동을 한다. 데이트를 할 때 주지 못하고 가지려 하는 두 가지 양상이 있다. 하나는 '상대에게 올인하기'고 다른 하나는 '상대 지배하기'다.

유엔마약범죄사무소^{UNODC}의 2013년 통계에 의하면, 미국에선 전체 여성 살인 피해자의 47%가 애인이나 배우자에 의해서 목숨을 잃는다고 한다. 우리나라에서도 헤어진 남자가 옛 애인을 찾아가 살인을 했다는 뉴스가 종종 나온다. 상대에게 너무 많이 주면서 올인을 하게 된 경우에 이런 일이 생긴다. 올인을 한다는 얘기는 기대치가 굉장히 크다는 뜻이다. 올인을 할 때 나타나는 현상 중 하나가 쫓아다니기다. 싫다는 사람을 끝까지 쫓아다니며 결혼하자고 하는 사람들 중에 편집증이나 강박증이 있는 경우가 있다. 자신들의 정서적 결핍을 채우려고 그런 행동들을 로맨틱하게 생각하기도 한다. 이런 사람들은 상대방을 믿지 않거나 인격적으로 대우하지 못한다. "나는 네가 싫어. 헤어져."라고 해도 믿지 않는다. "더 이상 안 만날 거야." 해도 '지금은 싫다고 해도 내일이면 달라질 거야. 내가 끝까지 좋다고 하면 결국 나를 좋아할 거야.'라고 생각한다. 친밀감은 서로에 대한 존중이다. 존중이란 말의 뜻은 내가 원치 않아도 상대방의 말을 받아들인다는 얘기고 그것이 친밀감의 특징이다. 이들은 그게 안 된다. 데이트를 하며 자기를 나누지 못하기 때문에 자신을 줄 수 없다. 그래서 상대방을 괴롭혀서라도 얻으려고 한다.

또 하나는 상대방을 지배하는 경우다. 데이트할 때 가끔씩 때리는 사람들이 있다. 요즘 많이들 얘기하는 데이트 폭력이다. 보통 이렇게 때리는 남자는 때리고 난 뒤 "너를 너무 사랑해서 그랬다."며 때린 것을 보상하기 위해 아주 잘해준다. 그래서 얻어맞는 여자들 중 착각을 하는 경우가 있다. '나를 너무 사랑하다 보니 때린 걸 거야.'라고 생각하는데, 절대 아니다. 이렇게 생각한다면 문제가 있는 사람이다. 데이트할 때 때리는 사람은 결혼하면 십중팔구 때린다. 때리는 행동은 상대방을 존중하지 않는 마음에서 나온다. 데이트할 때야말로 자기를 주어야 되는 시기인데 정체성이 형성되지 않은 사람은 줄 것이 없다. 자신이 어떤 사람인지 모르니 무엇을 주어야 할지 모른다. 그래서 주는 대신 얻기 위해 끝까지 쫓아다니며 올인하는 쪽으로 가거나 아니면 상대를 지배하는 쪽으로 간다.

죽기 전에 사랑 한번 해보고 싶다는 몸부림

올인을 하거나 지배하는 방식의 연애를 하고 결혼을 한 사람들은 아직 친밀한 관계, 즉 자신을 주는 방식의 관계를 해보지 못한 상태다. 그러나 결혼을 하게 되면 새로운 경제적 생존의 문제에 부딪힌다. 당장 코앞에 닥친 문제를 해결하기 위해 15~20년 동안 열심히 산다. 그러다가 어느 날 앞으로 살날이 적어지고 있는 것을 의식하며 더 늦기 전에 자신이 못해본 것들을 하고 싶은 욕구가 강해진다.

친밀한 관계를 맺고 싶은 욕구는 그중 하나다. 아이들도 있고 부인이나 남편도 있지만 친밀함에의 욕구가 강해진다. 연애다운 연애를 못한 사람들은 연애를 하고 싶은 강렬한 욕구를 느끼게 된다. 죽기 전에 사랑 한번 해보고 싶은 마음이 강해진다. 청년기가 데이트를 통해 남을 돕는 연습의 시간이었다면, 중년기는 본격적으로 남을 돕는 쪽으로 가야 한다. 그래야 나머지 인생이 좋아진다. 그런데 그렇게 못 가는 사람들이 참 많다. 뭔가 결핍됐고 이대로 인생을 마감하기엔 억울한 것 같은 느낌을 갖기 때문이다. 남을 돕는 쪽으로 못 가고 나를 위한 시간을 가지려는 생각이 강해져서 생기는 현상이 중년기 바람이다.

결혼이라는 목적을 위해서 남자, 여자를 만나는 경우가 많다. 남자 입장에서는 '사회적 성공에 뒷받침되는 여자가 누굴까?', '이 정도면 내가 사회적으로 살아가는 데 문제가 없겠다.' 그렇게 결혼 상대를 고르고 결혼을 한다. 그런데 원초적으로 만나고 싶은 친밀함의 주제는 여전히 남아 있다. 못다 한 숙제이기 때문이다. 친밀감에의 욕구가 강해지면 자신에게 익숙하게 보이던 것들이 달리 보이기 시작한다. 지금까지는 생존의 관점에서 모든 것을 보다가 처음으로 친밀함을 누리고 싶은 욕구를 가지고 모든 것을 보기 시작하기 때문이다. 이러한 현상 중 하나가 자신의 부인을 보는 느낌이다.

어느 날 보니까 이상한 여자가 집에 있다. '아니, 이 여자가 왜 있지?'라는 생각이 든다. 사람은 친밀감의 욕구가 강해지면 '내 사람'이라는 주제가 발생한다. 남성들에게는 '내 여자'라는 주제로 나타난다. 생존의 모드로 살던 남자들이 친밀감의 모드로 전환되면 집에 있는 여자가 내 여자 같지가 않다. 머리 스타일도, 옷 입은 것도 내가 원하는 여자가 아니다. 나는 긴 머리를 좋아하는데 이 여자는 짧은 머리를 하고 있다. 근데 초등학교 때 첫사랑을 생각해보면 걔는 너무 예뻤다. 내가 원하던 모습이었던 것이다.

친밀감은 원초적 만남을 통해서 형성된다. 가리는 것 없이, 위장하는 것 없이 자신 그대로의 모습을 보여주는 만남이 원초적 만남이다. 원초적으로 만나서 좋아했던 사람들은 잊히지 않는다. 아이와 엄마의 만남이 가장 원초적인 만남이다. 아이는 완전히 벌거벗은 채로 엄마와 만난다. 초등학교 동창생도 그렇다. 그때는 허세도 위장된 겸손도 없었다. 사람들이 초등학교 동창들을 좋아하는 이유이기도 하다. 이러한 원초적 만남은 강한 친밀감을 바탕으로 하기 때문에 관계가 안정적이다. 기능적으로 생존을 위해서, 필요에 의해서 결혼해 살았던 사람들은 여기에서 문제가 생긴다. 이런 원초적 만남, 이런 원초적인 느낌의 교류가 없으니까 가슴이 허전하다. 휑하고 허전하고 찬바람 부는 가슴을 채워보고 싶다. 죽기 전에. 그래서 늦바람이 무섭다. 늦바람은 목숨 걸고 한다.

바람이 나서 다른 여자를 찾는 남성들은 적극적인 사람들이다. 반면 소극적인 사람들은 우울 모드에 빠진다. 좀 더 전통적이며 도덕적 규칙을 가진 사람들이다. 우울이 심해지면 어떤 남성들은 어디론가 사라지고 싶어 하기도 한다. 직장에서 갈등이 심해지고 가정에서 압박감이 강해지면 더욱 그렇게 된다. 중년기의 남성들은 3중의 압력에 시달린다. 부부 관계, 자녀 관계, 자신의 부모와의 관계다. 자녀들의 대학 비용, 결혼 비용, 취업 등의 문제가 어마어마한 압박으로 다가온다. 자녀뿐 아니라 위로는 부모님도 돌봐야 되고 아내와의 관계도 만만치 않고 이런 압박을 못 견디니까 사라지는 것이다. 본인이 감당해야 할 삶의 무게가 너무 무거워 모든 것으로부터 떠나버리고 싶다. 실제로 어디론가 사라지는 사람들이 있다. 때로는 절로 들어가기도 하고 일부는 멀리 여행을 간다.

03

내면이 어릴수록
파워에 집착한다

손자의 장난감을 뺏는 할아버지

발달과업을 제대로 수행하지 못하고 어른이 된 사람들이 참으로 많다. 겉으로는 어른이지만 정신적으로 아직 유아나 아동 상태인 사람들이다.

나는 상담을 하면서 수많은 성인아이들을 만났다. 30대 중반의 남성이 나를 찾아왔다.

"아버지 때문에 미치겠어요. 부모님 집에 아이들을 데리고 가면 아버지가 아이들을 울려요. 한두 번이 아닌데 도대체 이걸 어떡해야 될지 모르겠습니다."

"아버지는 어떤 분이신가요?"

"자수성가하셔서 기업을 경영하세요. 저는 어렸을 때 아버지가 너무 무서워서 편안하게 대화를 나눠본 적이 없는데, 손자와 손녀는 예뻐하셔서 저를 자주 부르시거든요."

"아버지가 어떻게 아이를 울리시나요?"

"본가의 아버지 방에서 아이들과 같이 놀아주십니다. 그런데 시간이 지나면 꼭 아이들이 우는 거예요. 왜 우는지 물어보면 할아버지가 장난감을 뺏어갔다고 하는 겁니다."

이 내담자의 아버지는 전형적인 성인아이의 특징을 가지고 있다. 한편으로는 손자·손녀가 귀여워 자주 보고 싶어 하는 할아버지의 마음도 있고, 다른 한편으로는 아이들과 놀면서 장난감을 빼앗는 아이의 모습도 있다. 우리 아버지 세대는 너무 가난해서 어린 시절에 제대로 놀아본 적이 없다. 내담자의 아버지는 가난에서 벗어나기 위해서 불철주야 노력한 사람, 앞만 보고 달려온 사람 중 한 명이다. 그 결과 잘살게는 되었지만, 정신적으로 필요한 과업을 제대로 하지 못했다. 어린 시절 놀아보지 못한 할아버지는 손자·손녀와 노는 것이 재미있다. 그런데 놀다 보면 어느새 자신도 아이가 되면서 아이들끼리 놀 때 생기는 주도권 다툼을 벌이게 된다. 자신이 어른이라는 사실을 잊은 채 손자의 장난감을 빼앗고 주도권을 발휘하려 한다. 결국 손자는 울면서 할아버지 방에서 나오게 된다.

할아버지는 열심히 일해서 성공했다. 그의 근면함은 어디에서 기인

한 것일까? 할아버지로 대변되는 한국인들의 근면은 두려움, 수치심, 열등감이 그 근원이다. '먹고살지 못할까 봐 두렵다.', '남보다 못하면 창피하다.', '내 집도 없이 사는 것은 수치스러운 일이다.' 이런 감정은 불안을 만들어내고 결국 이 불안이 사람들을 움직인다. 불안에 쫓기는 삶^{anx-}_{iety-driven life}을 살게 되는 것이다. 서바이벌하기 위해 기능적으로 근면해진 것이다. 할아버지로 대변되는 많은 한국인들은 자신들이 원하는 것과 관계없이 또는 원하는 것이 무엇인지도 모르고 주변 사람들을 실망시키지 않으려고 또는 중요한 인물의 인정을 받으려고 열심히 일을 해왔다.

이러한 성공-실패는 많은 한국인들이 경험하고 있다. '잘살아보세'라는 기치 아래 돈·성공 등 눈에 보이는 것에만 매달려 살다 보니 인간이 어떤 존재인지, 내면이 얼마나 중요한 것인지 잊고들 살았다. 사람은 돈과 성공만으로 잘 살 수 있는 존재가 아니다. 인생의 여덟 단계에서 습득해야 할 신뢰감, 자율성, 주도성, 근면성을 발휘하며 살아가야 행복을 맛보는 존재다. 자아 정체감을 가지고 주변 사람들과 친밀함을 나누고 관용으로 다음 세대를 돌보며 자아 통합을 이루어야 행복을 느낄 수 있는 존재다. 우리는 이것을 잊고 살고 있다. 그래서 청소년도 중년도 위기를 맞는다.

현재 우리 사회는 심리적으로 성장하지 못한 어른들, 즉 성인아이들이 권력을 잡고 부자가 되어 자신이 원하는 대로 하려는 경향이 크다. 이런 이유로 한 단계 더 도약할 수 있는 문턱에서 성장하지 못하고 맴돌고 있는 것이 곧 한국 사회의 현주소다. 비슷한 현상은 가정에서도 그

남자의 후반전

대로 볼 수 있다. 경제적으로는 윤택해졌지만 심리적으로 서로를 참아주고 북돋아주며 갈등이 생겼을 때 이를 해결할 수 있는 자비, 사랑, 인격 등을 갖추지 못해서 가족들 간의 갈등이 너무도 심하다. 이러한 현상들이 OECD 국가 중 자살률 1위, 이혼율 상위, 갈등지수 상위 등의 지표로 나타나고 있다.

직장은 포기한 채 아내에게 의존하는 남편

나는 상담을 하면서 위에서 언급한 할아버지처럼 근면하게 살지도 못하면서 두려워하는 많은 내담자들을 만났다. 이들은 일에서도 성공하지 못하고 동시에 심리적으로도 자신에 대한 부정적 감정이나 느낌, 생각을 가지고 살기 때문에 많은 어려움을 갖게 된다. 사실상 이들은 실패-실패의 인생을 사는 사람들이다.

이런 사람들은 직장생활을 하는 동안에도 다른 사람이 자신을 무시할 것 같은 느낌을 갖고 산다. 문제가 생기면 자신에게로 모든 원인을 돌리거나 아니면 지나치게 상대방을 탓한다. 인간관계가 원만하지 않기 때문에 한곳에서 꾸준하게 직장생활을 하기도 어렵다. 일을 할 때도 심리적 에너지 소모가 많아 능률이 오르지 않는다. 특히 스트레스를 잘 견디지 못해 중요한 일을 맡지 않으려는 경향도 보인다. 이런 사람들 중 일부는 능력 있는 여성과 결혼한다. 심리적 주제에 대한 이해가 많아서 정서적 경험이 적은 능력 있는 여성들의 심리를 잘 이해해주기 때문이다. 이런 경우 대부분 부인의 수입으로 생활한다.

남편의 무능을 견디다 못해서 상담을 받으러 온 부인이 있었다. 전문직 분야에서 일하는 그녀는 빠른 승진 덕에 봉급도 많이 받고 있었다. 그런데 "남편 때문에 너무나 속이 터진다."고 하소연을 했다. 결혼 초부터 남편은 직장을 다니기 싫어하고 힘들어했다. 매일 누군가하고 다투고 기분이 나쁜 상태로 퇴근했다. 부인은 그저 직장에서 열심히 일을 하다가 다툼이 있는 정도로만 생각했다. 얼마 후 남편이 직장을 옮기게 되었는데, 궁극적인 원인은 직장 동료, 상사와의 갈등이었다. 그 뒤에도 이런 일은 반복되었다. 직장을 옮기면서 점차 봉급도 줄었다. 남편은 직장에 흥미를 잃어버리더니 아예 그만두고 집에서 컴퓨터만 들여다보고 있었다. 화도 나고 힘이 들어서 남편에게 말을 하지만, 남편은 들은 척도 안 한다고 했다. 이 남편은 두려움 속에 살고 있는 사람이다. 마음으로는 부인에게 의지하면서 산다. 그러나 그런 말을 하기엔 너무 자존심이 상해서 아무 말도 하지 않고 컴퓨터만 들여다보는 것이다.

은퇴 후 망가진 아버지

근면성은 자신에게 필요한 것들을 열심히 하는 발달적 특성이다. 무언가 하고 싶어 하고 할 수 있다는 마음에 사회적 필요가 더해지면 발현

된다. 근면성에 문제가 있는 사람들은 자율성을 제대로 갖추지 못한 상태에서 사회나 타인의 필요나 요구를 채워줘야 하는 상황에 종종 놓인다. 이렇게 되면 타율적으로 일을 하는 생존 모드로 들어가게 된다. 다른 사람들에게 의존해서 자신의 삶을 살려고 하는, 겉으로는 근면해 보일 수 있지만 속으로는 자율성에 문제가 있는 사람들이다. 이런 사람들은 은퇴 후 급격히 달라진다.

그런 사람의 아들을 상담하고 있다.

"우리 아버지는 너무나 잘나갔던 사람이에요. 처음에 회사를 시작했을 때는 좀 어려웠지만, 열심히 노력을 해서 정상 궤도에 올려놓았어요. 그러다 회사가 한 번 부도가 나고 회복하는 듯하더니 제가 입사하려고 할 무렵에 아예 문을 닫았어요. 이때 아버지가 50대 후반이었어요. 제게 아버지는 인생의 롤모델이었어요. 나중에 아버지 회사를 물려받아서 아버지처럼 유능하고 멋지게 살겠다고 생각을 했죠. 그런데 아버지는 회사를 닫은 충격 때문인지 이상하게 변하셨어요. 그렇게 멋지던 모습은 온데간데없고 일상생활조차도 제대로 꾸려가지 못하세요. 제가 너무나 충격을 받아서 '우리 아버지가 왜 이러시나.', '아버지가 이런 사람이 아니었는데…….' 그 말밖에 안 나와요."

내담자는 아버지의 변한 모습이 보기 싫어서 결국은 함께 못 살고 다른 집에서 살게 됐는데, 아들로서 죄책감을 많이 느끼고 있었다. 그의 아버지는 내면세계의 문제를 전혀 해결하지 않은 상태에서 외적으로만 근면하게 산 분이다. 가림막이었던 일이 없어지면서 실체가 드러난 것이다.

'사람이 나이가 들면 애가 된다.'는 말이 있는데, 명백한 오해다. 이런 사람들은 결코 어른이었던 적이 없다. 어렸을 때도 아이였고 어른이 돼서도 아이였는데, 할머니·할아버지가 됐을 때 그 아이의 모습이 드러난 것뿐이다. 사회적 측면이 활발할 때는 보이지 않다가 사회적인 가림막이 사라지면 드러나게 된다.

상담이 진행되면서 이 사람은 새로운 기억을 찾아냈다.

"우리 아버지는 사실 성질이 삐딱한 사람이었는데, 나한테는 잘해줘서 기억을 못했네요." 아들은 아버지를 이상화해서 기억하고 있었다. 그러나 상담을 하며 옛날 기억을 떠올려보니 사실과 이미지가 달랐음을 알게 되었다. 아버지의 삐딱하고 이상한 성질의 증거들이 계속 나오면서 그동안 가지고 있었던 아버지에 대한 이미지가 달라졌다. 친척들 집도 사주고 좋은 일도 많이 한 좋은 아버지, 훌륭한 아버지로만 믿고 살았는데, 한편으로는 가정과 회사에서 싸움도 많이 했던 사람이었다. 이 아버지는 성인이었지만 아이였던 사람이다. 내담자는 결국 아버지상을 새로 정립해야 했다.

04

나는 파워에
목매는 성인아이인가?

나 점검하기

나도 성인아이일 수 있다. 증상이 생겨도 잠시의 어려움이라고 치부하면서 보통 사람들처럼 살려고 노력하는 사람들이 많다. 그러나 그러한 증상들은 본인이 생각한 이상으로 심각할 수도 있다. 오른쪽의 체크리스트를 보며 확인해보자.

체크된 항목이 많지 않아도 어떤 항목에서의 정도나 강도가 강하면 특정 영역에서는 성인아이라고 볼 수 있다. 대체로 일을 잘하는 중년 남성들은 일을 하는 영역에서는 어른일 수 있지만, 관계나 정서적 영역에서는 성인아이일 가능성이 많다. 체크된 항목이 많다면 여러 영역에서

성인아이 체크리스트

☐ 작은 일에도 자주 화가 나고 화를 내면서 상대방을 비난한다.
☐ 상대방이 나를 무시하는 것 같은 느낌이 들면 참을 수가 없다.
☐ 자주 불안하고 초조하며 가만히 있지 못한다.
☐ 다른 사람들이 내 일을 대신 처리해주기를 원한다.
☐ 화가 나면 상대방과의 관계를 단절해서 다시는 보고 싶지 않다.
☐ 자주 후회의 마음이 든다.
☐ 아플 때 지나치게 과장을 하거나 아주 괜찮은 것처럼 행동한다.
☐ 다른 사람들이 나에 대해서 어떻게 생각하는지 확인하고 신경을 쓴다.
☐ 동료나 친구들보다는 윗사람이나 아랫사람과의 관계가 더 좋다.
☐ 조금이라도 손해가 나거나 내 것이 없어질 것 같으면 극도로 불안하다.
☐ 미래가 암담하거나 불안한 느낌이 들어 어쩔 줄 모르겠다.
☐ 일이 없으면 초조해지거나 불안해서 자주 서성거린다.
☐ "좋아해! 사랑해!" 등과 같은 대화를 하면 오글거리는 느낌이 든다.
☐ 겉으로는 강한 척하지만 속으로는 떨리고 무시당할 것 같은 마음이 자주 든다.
☐ 사람들이 두려워서 일을 하거나 만나지 않으려고 한다.
☐ 내가 하는 일에 대해서 만족을 느끼지 못한다.
☐ 끊임없이 무엇인가를 해야 할 것 같고 쫓기는 느낌이 든다.
☐ 과도한 책임감을 느끼고 잘못되면 다 내 책임처럼 느껴진다.
☐ 사람들이 나를 좋아하지 않을 것 같고 내 속을 알면 싫어할 것 같다.
☐ 다른 사람들의 칭찬이 진짜로 느껴지지 않고 립서비스 같다.
☐ 정당한 요구임에도 불구하고 자주 양보하고 곧바로 후회를 한다.
☐ 상대방의 기분을 맞춰주어야만 괜찮을 것 같다.
☐ 끊임없이 생각이 많고 생각을 멈추기 힘들다.
☐ 감정 조절이 쉽지 않고 무엇을 좋아하고 원하는지 잘 모르겠다.
☐ 자주 피곤하고 두통, 편두통, 소화 불량이 잦아서 고생을 한다.
☐ 다른 사람들을 신경 쓰기 때문에 판단이나 평가에 지나치게 예민하다.
☐ 나보다는 다른 사람들을 즐겁게 하려는 경향이 있다.
☐ 지적을 받거나 부정적 평가를 받으면 무너지는 느낌이 든다.

성인아이일 수 있다. 생각하는 방식, 일을 처리하는 방식, 관계를 하는 방식 등의 영역에서 아이처럼 행동한다는 얘기다. 이런 경우에는 대체로 사회적으로나 관계 면에서 성공하기 어렵다.

나는 어떤 종류의 성인아이인가

성인아이에도 종류가 있다. 버지니아 사티어^{Virginia Satir}라는 유명한 가족치료학자는 자존감이 낮은 사람들을 연구해서 네 가지 유형이 있음을 밝혀냈다. 위로하는 사람^{placater}, 비난하는 사람^{blamer}, 계산하는 사람^{computer}, 그리고 혼란스럽게 하는 사람^{distracter}이다.

자존감이 낮은 사람들은 주로 비난하는 부모 밑에서 자란 사람들이다. 똑같이 비난하는 부모 밑에서 자랐는데 무엇이 이렇게 다른 유형의 사람을 만드는 것일까? 간단히 말하자면 가족 관계와 본인 성향 사이의 상호작용에 따라 유형이 달라진다고 할 수 있다. 유형별로 대인 관계에서 보이는 특징, 주로 갖는 느낌과 생각이 각각 다르다. 나는 이들 모두를 '성인아이'라고 부른다. 나는 어떤 유형의 사람인지 알아보자.

위로하는 사람

위로하는 사람들은 다른 사람들과 편안하기를 바라는 사람이다. 갈등을 두려워한다. 갈등이 생기면 타인에게 맞추면서 갈등이 야기하는 두려움, 분노, 미움 등의 감정을 속으로 삭인다. 그러면서 자신이 괜찮고 좋으며 착한 사람이라고 느끼고 싶어 한다. 자신이 착한 사람이라는 도덕적 우위를 통해서 파워를 추구한다. 그러다 보니 마음이 힘들고 어려운 경우가 많다.

대인 관계에서 보이는 특징

* 다른 사람들의 의견에 반대하지 않는다.
* 다른 사람들에게 사과하는 경우가 많다.
* 다른 사람들에게 신세를 지고 있는 것처럼 행동한다.
* 다른 사람들이 비난하는 경우에도 그 의견에 동의한다.
* 다른 사람들이 말을 건네기만 해도 몹시 고마워한다.
* 불쌍해 보이게 말을 하고 다른 사람들의 비위를 맞추려고 한다.

주로 갖는 느낌

* 잘못되면 모두 자기 책임 같다.
* 다른 사람들을 즐겁게 하려다가 부정적 피드백을 받으면 비참해한다.
* 슬프고 자기 연민을 많이 가지고 있다.
* 쉽게 좌절하고 절망하며 수치심을 자주 느낀다.
* 화가 나면 멈추지 못한다.

이들의 목소리는 대체로 작고 느리다. 약하고 금방이라도 쓰러질 듯한 표정이나 행동을 보이며 순교자연한다. 순교자연이란 실제로 자신을 내어주는 삶을 살지 못하고 자신을 내어주는 것 같은 삶이다. 그렇기 때문에 자신의 감정이나 생각에도 확신을 갖지 못한다.

주로 하는 생각

* 모든 것이 자신의 잘못이라고 생각한다.
* 다른 사람들이 괜찮으면 다 괜찮다고 생각한다.
* 자신은 아무래도 상관없다고 생각한다.
* 관계나 일이 잘못되면 죽고 싶다는 생각을 한다.
* 자신은 가치 없는 사람이라고 생각한다.

위로하는 사람들은 다른 사람들을 질리게 만든다. 마치 밑 빠진 독에 물 붓기와 같이 자신에게 관심을 보여주는 사람들을 소진하게 만든다. 내담자 허 씨는 상담 도중에 자주 내 기분이 어떤지를 물었다. "교수님, 지금 괜찮으신가요? 왠지 기분이 안 좋아 보이네요."라는 멘트를 자주 했다. 괜찮다고 여러 번 말을 했는데도 자꾸 그러니까 짜증이 나기도 했다. 내 말을 믿지 않는 것 같기도 하고 내게 도움을 받으러 온 사람인가, 도움을 주려고 온 사람인가 의구심이 들기도 했다. 위로하는 사람들은 이렇게 사람들을 짜증나게 만들어서 결국 관계에서 밀쳐짐을 당하여 쉽게 상처를 입고 슬퍼한다.

비난하는 사람

비난하는 사람들은 비난을 통해서 다른 사람들을 통제하려고 한다. 그렇게 함으로써 자신이 얼마나 괜찮은 사람인지, 그리고 얼마나 다른 사람들을 마음대로 할 수 있는 힘 있는 사람인지를 증명하려고 한다.

대인 관계에서 보이는 특징

* 다른 사람들의 잘못만을 찾아내려고 한다.
* 상대방을 무시하는 말을 자주 한다.
* 상대방이 없어졌으면 좋겠다는 태도로 말을 한다.
* 비난, 원망, 불평의 말을 많이 한다.
* 다른 사람들과 쉽게 다툼을 일으킨다.
* 거친 행동을 하고 상대방을 위협하듯이 말한다.
* 극단적인 언어를 서슴없이 사용한다.
* 몰아붙이는 행동을 자주 한다.
* 때로는 폭력을 사용하기도 한다.
* 상대방을 자극하는 말을 자주 한다.
* 목소리가 크고 쉽게 흥분을 한다.
* 말을 빨리 하고 상대방을 노려보기도 한다.
* 에너지가 충만한 사람처럼 행동을 한다.

주로 갖는 느낌

* 전반적으로 분노가 많은데 절망적인 상황에서는 위장하기 위해 더 많이 분노한다.
* 쉽게 흥분하고 좀처럼 흥분을 가라앉히지 못한다.
* 다른 사람들의 잘못이 부각되면 편안해한다.
* 상대방이 자신에게 굴복하면 안전해한다.
* 두려움을 많이 가지고 있는 사람들이다.

주로 하는 생각

* 자신을 제외하고 다른 사람들이 다 잘못되었다고 생각한다.
* 자신은 중요한 사람이고 다른 사람들은 형편없다고 생각한다.
* 형편없는 사람들은 아무 일도 못하는 사람이라고 생각한다.
* 상대방이 맞을 만한 짓을 했다고 생각한다.
* 자신을 제외하고 이 세상에 잘못 없는 사람은 없다고 생각한다.
* 서로 갈등이 발생하면 모두 상대방 탓이라고 생각한다.

비난하는 사람들 주변에는 사람이 없다. 다른 사람의 잘못이나 흠을 자주 언급하기 때문이다. 회사원 명 씨는 그런 사람이었다. 그는 회사에서 '입바른 사람'으로 통한다. 직장 동료들은 자신들의 흠을 찾아내 지적하는 그를 싫어한다. 그러면서도 흠을 찾아내고 비난하는 명 씨를 통해 자기들이 윗사람에게 하고 싶은 말을 대신 하게 한다. 그러다 보니 명 씨는 상사들로부터도 미움을 받는다. 명 씨는 자주 억울하다고 느끼고 사람들을 믿을 수 없다고 말한다.

계산하는 사람

계산하는 사람들은 아주 예민해서 정서적으로 상처받기 쉬운 사람들이다. 그래서 자신을 방어하기 위해 약점을 보이지 않으려 하고 정서적 관계를 피한다. 이들이 가장 관심 있는 것은 자신의 안전이다. 다른 사람들과 거리를 둠으로써 편안함과 안전함을 꾀하려고 한다. 어떤 상황에도 개입하지 않으려 하고 객관자 또는 관찰자로 남아 있음으로써 모든 이해관계에서 초월한 듯 보이고 싶어 한다.

대인 관계에서 보이는 특징

* 조용히 말을 하면서 좀처럼 흥분하지 않는다.
* 침착하며 행동의 폭이 좁다.
* 다른 사람들과의 관계에서 주로 객관적 입장을 취한다.
* 사실만을 말하려고 한다.
* 추상적 성격의 말을 해서 다른 사람들이 생각하도록 만든다.
* 대의명분이 있는 말을 자주 한다.
* 일반화를 많이 한다.

외형적인 특징

* 침착하며 행동의 폭이 좁다.
* 몸의 움직임이 거의 없고 항상 일정한 모습을 보인다.
* 억양이 별로 없으며 단조롭게 말을 한다.
* 말의 속도가 느리다.

주요 정서적 특징

* 쉽게 상처를 받는다.
* 감정적으로 노출되면 두려워한다.
* 정서적 연결에 대해서 어색해하고 힘들어한다.
* 쉽게 화가 나기 때문에 자신의 화를 감추려고 한다.
* 지나치게 감정적이기 때문에 감정이 없는 사람처럼 행동한다.
* 자신에게 초점이 맞춰지면 당황한다.

주로 하는 생각

* 서로 상처를 주지 않고 사는 삶이 좋은 삶이라고 생각한다.
* 사람들마다 각자의 길이 있다고 생각한다.
* 감정적으로 연결되면 골치 아프다고 생각한다.
* 서로 건드리지 않으면서 살기를 바란다.
* 각자 자기의 영역을 잘 지키면서 살기를 바란다.
* 자신을 약한 사람이라고 생각한다.
* 많은 생각을 한꺼번에 한다.
* 특히 상처를 주거나 받는 말을 한 경우에는 많은 생각을 한다.
* 세상은 무섭다고 생각한다.
* 다른 사람들이 자신의 진짜 모습을 알면 싫어할 것이라고 생각한다.

직장인 최 씨는 동료들과 거리를 두는 사람이다. 자신의 속마음을 아무에게도 털어놓지 않는다. 상대방이 속마음을 얘기하려 해도 "사람 사는 게 다 그렇지요."라면서 말을 막는다. 최 씨는 자신의 참모습을 알면 아무도 자신을 좋아하지 않을 것이라고 믿으며 자주 외롭다고 느낀다.

혼란스럽게 만드는 사람

혼란스럽게 만드는 사람들은 형제자매가 혼나거나 비난받는 것을 보며 자란 경우가 많다. 이들은 너무 무서운 나머지 자신에게 초점이 맞춰지지 않도록 대답 안 하기, 아무 말이나 하기, 화제 돌리기 등과 같은 행동을 해서 상대방을 정신없게 만든다. 자신의 불안정한 모습이 드러나지 않으면 다른 사람들이 자신을 함부로 할 수 없을 거라고 생각하면서 산다. 즉, 어둠 속에 있으면서 힘이 있는 것처럼 생각하는 사람들이다. 그러나 어둠은 빛이 비치면 모든 힘을 잃어버린다.

대인 관계에서 보이는 특징

* 다른 사람들을 무시하는 행동을 한다.
* 아무 때나 끼어든다.
* 주제를 자기 마음대로 바꾼다.
* 한 번 말을 시작하면 언제 끝날지 모른다.
* 상황에 맞지 않는 말들을 한다.
* 다른 사람들을 질리게 한다.
* 다른 사람들이 자신을 떠나도록 만든다.

주로 느끼는 감정

* 두려움을 많이 느낀다.
* 공허함도 많이 느낀다.
* 외로움을 많이 느끼고 이를 직면하려고 하지 않는다.
* 쉽게 불안을 느끼고 쉽게 불안정감을 느낀다.
* 다른 사람들의 말 한마디에 수시로 감정이 변한다.

외형적인 모습

* 갑자기 말이 빨라지거나 느려진다.
* 지나치게 억양이 많이 변한다.
* 마치 춤을 추듯이 말을 한다.
* 말을 할 때 몸짓이 크다.
* 때로 몸짓과 말이 맞지 않는다.

주로 하는 생각

* 세상은 어차피 다 미쳤다고 생각한다.
* 아무런 의미가 없는 세상이라고 생각한다.
* 모두 다 쓸데없는 생각을 하면서 산다고 생각한다.
* 모든 것이 불분명하다고 생각한다.
* 분명한 것들은 모두 잘못되었다고 생각한다.

직장인 공 씨는 평상시에는 다른 사람들과 관계를 할 때 별 어려움이 없다. 그러나 흥분을 하면 다른 사람들의 말을 자르고 자기 이야기만 한다. 특히 중요한 자리일수록 이런 경향이 심해진다. 회의를 하다가 흥분을 하거나 술을 먹다가 기분이 좋아지면 대화의 주제가 무엇이었든 관계없이 자신이 하고 싶은 말을 한다. 이 때문에 공 씨는 중요한 회의에 초대받지 못하고 술자리에서조차 기피 대상이 됐다. 그는 사람들과 어울리려고 하지만 사람들이 밀어내는 바람에 왕따 비슷한 생활을 한다.

파워 없음을 들키지 않으려고 쓰는 방어기제들

성인아이들은 두려움을 없애기 위해 이상의 여러 가지 방법을 쓰면서 동시에 자신의 부족함이나 초라함이 드러날까 봐 미리 방어도 한다. 이들이 주로 사용하는 방어는 회피, 위축, 혼란, 파편과 분열이다. 커 보이기 위해 쓰는 방어는 모두 무의식적이다.

회피 방어

전형적인 방어는 회피다. 갈등이 생기면 말을 하지 않거나 숨는다. 잠수를 타는 행동이 대표적인데, 어떤 사람은 몇 시간에서 며칠 또는 몇 달이 가기도 한다.

내담자 안 씨는 아내와 갈등이 생기면 말을 하지 않는다. 특히 갈등 현안에 대해서는 일절 말을 하지 않는다. 말을 하면 할수록 자신의 초라함이 드러날 것 같은 마음이 들기 때문이다. 아내가 얘기를 하자고 해도 아무런 반응을 하지 않는데, 집에 들어올 때도 아내 얼굴은 쳐다보지도 않는다. 그리고 혼자 방 안에서 계속 TV만 본다. 그러다가 아내가 미안하다고 하면 슬그머니 아무 일도 없었다는 듯 다시 말을 한다. 그의 부인은 회피하는 남편 때문에 지치고 우울하다고 했다.

위축 방어

성인아이들이 사용하는 또 다른 방어는 위축이다. 이들은 자신을 불쌍하게 보임으로써 다른 사람들이 자신을 비난하지 못하도록 한다. 그래도 누군가 잘못을 들춰내거나 지적을 하면 그때는 "다 맞다. 내가 부족해서 그렇다."라고 한다. 언뜻 보기에는 괜찮은 사람인 것 같고 너그러워 보인다. 그러나 이 또한 잘못을 시인하지 않고 덮는 행동이다. 잘못을 시인하면 자신이 부족하고 초라한 느낌이 들기 때문에 이렇게 행동한다.

회사원 강 씨는 늘 다른 사람들의 눈치를 보면서 업무를 한다. 상대방이 지적을 하면 항상 그 말이 다 맞다고 한다. 지적을 한 사람은 그런 수용적인 태도를 보고 문제가 다 해결된 것 같은 인상을 받는다. 그래서 처음에는 관계가 좋다. 하지만 그것이 그저 그 자리에서의 말뿐임을 알게 되면서 관계가 나빠진다. 강 씨 본인도 지치고 힘들어져 결국 업무를 소홀히 하게 된다. 이런 형태를 반복하면서도 강 씨는 자신이 모든 것을 해결할 수 있을 것 같은 대단함을 유지하기 위해서 이렇게 '위축'을 방어기제로 쓴다.

오 씨는 중년의 나이에 대학원 공부를 하고 있었다. 대학 전공과는 다른 분야의 공부다. 그가 늘 숙제를 늦게 내길래 하루는 불러서 이유를 물었다.

"실은요, 교수님, 다른 학생들이 나를 가만두지 않아요. 이것저것 부탁을 해요. 제가 거절하면 저를 안 좋아할 것 같아서 거절을 못하겠어요."

이 학생도 성인아이라서 다른 사람들이 지적하거나 싫어하는 행동을 보이면 견딜 수 없어 한다. 그래서 무리한 부탁을 해도 거절을 못한다. 그러면서 자신의 숙제는 정작 제대로 못한다. 내가 그 점을 지적하자 다 자기 잘못이라고 했다.

혼란 방어

성인아이들은 말 그대로 성인이면서 동시에 아이다. 마음속의 성인과 아이가 잘 조화를 이루고 통합을 하게 되면 훌륭한 인격이 될 수 있지만, 그렇지 않으면 자신도 헷갈리고 어려워진다. 말을 하면서도 자신이 없어서 종종 말끝을 흐린다. 자신이 얼마나 좋은 의도로 행동을 하는지를 강조하지만, 정작 자신이 무엇을 하고 있는지를 물어보면 잘 모른다. 그것이 드러날까 봐 다른 사람들이 자신을 주목하면 부담스러워 숨는다.

사 씨는 남편과 대화가 안 된다며 나를 찾아왔다. 남편은 술을 먹지 않을 때는 자신이 무슨 말을 하든 잘 들어준다고 했다. 그러나 술만 마시면 횡설수설, 무슨 말을 하는지 알 수가 없다고 했다. 중요한 일이 있어도 얘기가 안 되고 갈등이 생겨도 해결이 안 된다며, 그래도 남편이 술만 끊으면 아무 문제가 없을 것이라고 했다. 사 씨에게 물었다.

남자의 후반전

"혹시 남편이 자기주장을 분명히 하시는 편이에요?"

"아니요, 그렇지 않아요. 그래서 답답할 때가 많아요. 남편이 말을 하는데 무슨 말인지 잘 모르겠어요. 하도 모호하게 말을 해서 따지듯이 물으면 화를 내다가 자기 방으로 들어가 버려요."

사 씨의 남편은 혼란의 방어를 사용하고 있다. 자신의 부족함이나 초라함이 드러날 상황이 되거나 부인과 갈등이 생기면 의식적이든 무의식적이든 혼란스럽게 만들어서 더 이상 그 상황이 지속되는 것을 막으려고 하는 것이다.

파편 방어

나는 상담을 하면서 일관성이 없는 수많은 내담자들을 만났다. 이들은 생각과 감정이 일치되지 않고 상황에 따라 이 말 했다 저 말 했다 한다. 자신들이 한 말을 기억하지 못하거나 여러 번 반복하는 경우도 있다. 이 사람들은 성인아이로서 파편화된 삶을 살고 있다. 이들의 파편화된 삶은 모두 생존의 이슈로 인해서 발생되었다. 살아남기 위해서 이것과 저것에 자신을 맞추다 보니 상황과 생존만 있고 자신의 생각이나 삶은 갈기갈기 찢긴 상태가 된 것이다.

방 씨는 상황을 자세히 설명하는 사람이다. 나는 왜 그렇게 자세하게 말을 하는지 물었다.

"상황을 잘 설명해주셔서 감사한데요. 구체적 상황들이 우리 이야기에 다 필요한가요?"

"잘 모르겠어요. 단지 이런 상황들을 말하지 않으면 안 될 것 같아요."

"어떤 마음이 들어서 그렇지요?"

"제가 무슨 말을 했는지도 잘 기억이 안 나요. 처음부터 다시 말해야 할 것 같은 마음이 들어요."

방 씨는 자신이 무슨 말을 하고 있는지, 그리고 왜 그 이야기를 하고 있는지 잘 몰랐다. 그는 단지 얘기해야 하는 상황이니 그 상황에 빠져서 계속 말을 하고 있었다. 그에게는 얘기해야 할 상황에서 얘기해서 살아남는 것이 중요했다. 그뿐이었다.

분열 방어

진 씨에게는 언제나 미운 사람과 좋은 사람이 있다. 미운 사람에게는 모질게 대하고 좋은 사람에게는 한없이 잘해준다. 그래서 그에 대한 평가는 아주 상반된다. 그는 분열된 사람이다. 자신 안의 좋고 싫음이 너무 분명해서 이를 통합할 수 없다.

나는 진 씨에게 물었다.

"당신이 미워하는 사람에게 장점이나 좋은 점은 없습니까?"

"저는 한 번 미워하면 끝까지 밉기 때문에 항상 싫고 나쁜 점만 떠올라요. 나는 그 사람만 없으면 살 것 같아요. 그 인간하고는 같은 하늘에서 살 수 없을 것 같아요."

그는 모가 난 사람이다. '모난 돌이 정 맞는다.'는 한국 속담이 있다. 진 씨는 좋고 싫음이 너무 극명해서 자주 비난이나 꾸중을 듣는다. 진 씨는 그 사람들이 잘못된 거라고 생각한다.

방어를 사용하는 방법

사람이 살기 위해서는 방어가 필요하다. 상황이 어렵고 힘들면 방어를 사용해 자신을 잘 보호할 필요가 있다. 그렇기 때문에 건강한 사람일수록 여러 가지 방어를 사용한다. 때와 장소, 상황, 그리고 대상에 따라서 방어를 관리하고 활용한다. 반면 건강하지 않거나 미성숙한 사람일수록 한두 가지 방어에 매달린다. 왜냐하면 방어가 곧 그 사람의 일부이기 때문에 도구로 사용하지 못하고 자신을 드러내는 방식으로 사용하는 것이다.

내담자 나 씨는 시도 때도 없이 운다. 누군가 조금만 자신을 서운하게 하면 운다. 그래서 별명이 울보다. 회사생활을 하면서 결재를 받으러 갔다가 조금이라도 지적을 받으면 울기 때문에, 상사는 공적 대화를 하지 못하고 나 씨를 달래느라 바쁘다. 나 씨는 공과 사를 구별하지 못하면서 위축 방어만 사용하는 건강하지 못한 사람이다. 건강한 사람들은 비록 화가 나거나 부당한 대우를 받더라도 상황에 맞게 대처를 하거나 나중에 자신의 의견을 피력하게 된다. 그러나 나 씨와 같은 사람들은 이러한 행동을 적절하게 하기 힘들다.

사람들은 자신의 파워 없는 모습이 드러나면 고통스러워한다. 모든 인간은 필사적으로 그것을 피하려 한다. 그래서 무의식적으로 이런 방어를 쓰며 자신을 괜찮은 힘이 있는 사람으로 보이고 싶어 한다.

4부

성인아이에서
진짜 어른으로

성인아이들의 특징

인생의 발달단계에서 못다 한 숙제는 성인아이를 만들고, 성인아이는 파워를 좇는다. 돈을 벌고 권력을 쥐고 명예를 얻으면 초라하고 부족하고 모자란 내가 덮어지거나 없어질 것 같기 때문이다. 그러나 마음의 문제는 이렇게는 풀리지 않는다. 자신의 부족함과 초라함, 형편없음을 직면하고, 살면서 배우고 획득했어야 할 마음의 자산을 회복할 때 마음의 문제가 해결된다. 이렇게 하기 위해서는 커다란 용기가 필요하다. 자신과 싸울 수 있는 용기가 바로 그것이다.

성인아이였지만 자신을 찾음으로써 진정한 어른이 된 사람들이 있다. 이들 중 일부는 자의로, 때로는 타의로 상담을 함으로써 자신이 왜 그렇게 힘들게 살았는지, 그리고 주변 사람들과 왜 그렇게 갈등이 많았는지 차츰 이해하게 되었다. 이들은 모두 자신의 마음속에 있는 어린아이를 만났다. 그 아이가 간절히 원했으나 갖지 못했던 것이 무엇인지 알게 되면서 어른으로 성장했다.

자신의 생각이 아니라 남의 생각에 맞춰 산다

성인아이는 주체적으로 살지 못하고 주변인으로 산다. 주변인이란 자신의 소신이나 확신으로 사는 삶이 아니라 다른 사람들의 행동, 생각, 느낌에 민감하게 반응하면서 사는 사람들이다. 한마디로 남의 생각에 맞춰 인생을 사는 사람들이다. 정체성이 없으니 그럴 수밖에 없다. 이들은 자신과 타인을 불신하고 스스로를 창피해하며 죄의식과 열등감 속에 산다.

누구도 신뢰하지 못한다

성인아이들은 자신에 대해서 부정적 감정이나 느낌, 생각을 많이 가지고 있기 때문에 본인의 생각이나 느낌을 신뢰하기 어렵다. 앞에서 얘기한 에릭슨의 발달단계 중에서 주도성이나 근면성을 제대로 형성하지 못하여 열등감이 많은 사람들이다. 그래서 늘 다른 사람의 의견을 묻는다. 예를 들어 길을 찾을 때도 오른쪽으로 가야 할 것 같은 느낌이 들더라도 '내 느낌이 맞은 적은 별로 없어! 그러니 다른 사람에게 물어봐야 겠다.'고 생각한다. 그러나 다른 사람의 말을 듣고 가면서도 '이 길이 맞을까, 틀릴까?'를 계속 생각한다. 신뢰에 문제가 있기 때문이다. 그래서 같은 내용을 이 사람 저 사람에게 물어보며 확인하고 싶어 한다. 물론 이런 확인이 자신 안에 있는 신념이나 느낌을 확인하는 경우라면 건강하고 성숙한 사람이다. 그러나 이들은 자신도, 다른 사람도 신뢰하지 못하고 의심하기 때문에 자꾸 확인을 한다.

자신을 부끄러워한다

성인아이들은 자신에 대해서 부끄러워한다. '나 같은 사람을 누가 좋아하겠어?'라고 생각한다. 이런 마음으로 살기 때문에 다른 이들의 인정이나 사랑에 목마르다. 자신을 조금이라도 인정해주는 사람, 좋아해주는 사람을 계속 쫓아다니면서 그들의 인정과 사랑을 받으려고도 한다. 또 한편으로는 아주 불쌍하게 보여 주변 사람들의 관심과 사랑을 받으려 한다. 힘이 하나도 없어 보이거나 잘 울어서 도와주어야 할 것 같은 느낌을 준다.

지나치게 염려한다

성인아이들은 불안이나 두려움을 많이 가지고 있다. 어떤 일이 잘되지 않을까 봐 지나치게 걱정을 하는데 옆에 있는 사람들이 불안할 정도이다. 이들 중 일부는 이러한 과도한 두려움, 걱정, 염려로 인한 신체화 증상[7]을 겪기도 한다.

대기업 임원인 민 씨. 어린 시절에 부모로부터 제대로 돌봄을 받지 못하고 늘 다른 사람들의 눈치를 보며 살아왔다. 회사에서도 상사들의 눈치를 잘 본 덕에 임원까지 될 수 있었다. 그러나 여전히 그는 불안하고 걱정하고 염려하는 마음으로 살고 있다. 다른 사람에게 이런 마음을 들키지 않으려고 애를 쓰다 언제부턴가 틱 장애[8]를 갖게 되었다. 회의 분위기가 무거워지거나 갈등의 소지가 있는 주제가 나오면 긴장을 하는데, 이를 들키지 않으려다가 눈을 계속 깜박거리게 되었다. 그는 다른 사람들이 자신의 틱 장애를 알게 될까 봐 회의에 참석할 때마다 괴롭고 힘들다. 나중에는 회의에 대한 두려움 때문에 회사생활을 하기 어려운 지경에 이르렀다.

주변 사람들의 근황을 알고 싶어 한다

성인아이들은 열등감을 가지고 있다. 한 분야에서 성공한 사람이라 할지라도 다른 영역에서는 열등감을 갖는다. 늘 자신과 다른 사람들을 비교하며 산다. 본인보다 우월해 보이거나 인기가 많은 사람들을 부러워하고 그들처럼 되려고 무척 노력한다. 그래서 주변 사람의 근황에 주의를 기울이고 알고 싶어 한다. 그러면서도 정작 자신의 근황을 얘기해 보라고 하면 잘 못한다.

---

7 여기저기가 아파서 병원에 가도 스트레스 때문이라고 하는 병들이 여기에 해당한다.
8 주로 머리와 손에 생기는 행동 장애로 순간적인 눈 깜박임, 목 경련, 얼굴 찌푸림 등이 있다. 대부분 유아기에 발병하지만, 스트레스로 인해 청소년이나 어른들에게도 나타난다.

직장인 박 씨는 회사에 출근하면 늘 상사의 근황을 파악하려고 한다. 동료들에게 상사가 어디에 갔는지, 무엇을 궁금해하는지 물어본다. 특히 상사가 저녁에 술자리를 한다고 하면 집에 중요한 일이 있어도 꼭 참석한다. 그럼에도 불구하고 일을 잘 못하기 때문에 상사의 인정을 받지 못한다. 다른 동료들이 상사의 인정을 받을 때마다 기분이 나쁘고 심지어 절망감도 느낀다. 이런 감정을 숨기느라 애를 쓰면서 살기 때문에 직장생활이 너무 힘들고 어렵다. 집에 들어가면 화를 내기 일쑤라 아이들에겐 무서운 아버지가 된다.

불평을 달고 산다

성인아이들은 불평을 많이 하는 경향이 있다. 다른 사람들의 생각이나 느낌에 따라 살기 때문에 일이 잘못되면 자신의 잘못이 아니라고 생각한다. 직장인 이 씨는 회사에서 불평쟁이로 통한다. 일이 잘못되면 늘 다른 사람 탓을 하기 때문에 동료들이 그를 싫어한다. 무엇인가를 도와주면 고마워하지도 않을뿐더러 왜 더 잘 도와주지 않는지, 무엇이 부족한지를 지적한다. 이 씨는 혼자 점심을 먹는 경우도 종종 있다. 왕따가 된 것이다.

이렇게 사는 삶은 고단하다. 내면에 기쁨도 없다. 자기뿐 아니라 사랑하는 가족에게 상처를 준다. 사회생활도 힘들다. 중년 남성들이 겪는 파워의 위기를 극복하기 위해서는 먼저 굳은 결심이 필요하다. 내면의 아이를 성장시켜 어른이 되어야 한다.

크게 보이려고 쓰는 방법들

성인아이들은 왜소하고 볼품없고 초라한 느낌이 드는 것을 피하기 위해 의식적, 무의식적으로 여러 가지 방법을 사용한다. 주로 완벽주의적 경향, 자아도취적 경향, 의존하는 경향을 통해서 자신을 크게 보이려고 한다. 3부에서 사티어가 말한 계산하는 사람은 완벽형의 사람이며 비난하는 사람은 도취형, 혼란스럽게 하는 사람과 위로하는 사람은 의존형의 사람이다. 이들은 모두 두려움이 많은 사람들이다.

아이들의 특징 중 하나가 두려움이다. 아이들은 낯선 사람이 두렵다. 자신이 원하는 것을 부모가 들어주지 않을까 봐 두렵고, 자신을 인정해주지 않을까 봐 두렵다. 자존감이 낮은 사람들은 두려움이 많은 성인아이들이다. 그 두려움이 나타나는 방식은 각각 다르다.

계산하는 사람들은 혼자 독립적으로 잘하는 사람처럼 보이려고 한다. 완벽형의 사람으로 보이고 싶어 한다. 비난하는 사람들은 다른 사람들의 잘못을 지적하면서 산다. 다른 이들의 잘못이 드러나야 자신의 잘못이나 결점이 묻히기 때문이다. 이들은 마치 자신은 결점이나 잘못이 없는 것 같은 도취적 경향을 갖는다. 위로하는 사람들은 다른 사람들에게 인정받고 싶어 하는 마음을 많이 가지고 있다. 이들은 인정을 받지 못할까 봐 두렵기 때문에 다른 사람들의 필요나 욕구에 많은 신경을 쓴다. 그래서 다른 사람들에게 자신을 맞추는 의존적 경향을 보인다. 혼란스럽게 만드는 사람들은 자신이 초점이 될까 봐 두렵다. 그래서 다른 사람들에게 자신을 맞추면서 자신에게 화살이 돌아오지 않기를 바란다. 이러한 바람 때문에 타인을 보고 자신을 감추는 의존적 삶을 산다.

완벽해지려고 한다

완벽형의 성인아이들은 아이의 이상세계를 어른의 현실에서 이루려고 한다. 현실세계의 자신이 왜소하고 초라해 보여서 완벽한 세상을 추구한다. 그 방법 중 하나가 일을 통해 '자신의 완벽한 모습 보여주기'다. 이들은 자신의 초라한 모습이나 잘못된 점을 수용하기도, 인정하기도 어려워한다.

1부에 나오는 정선은 실패를 견딜 수 없는 사람이었다. 그는 일에 매달리면서 자신이 괜찮은 사람이라고 생각하며 살았다. 자신은 곧 자신이 하는 일이고 일은 곧 월급이었으며 이 월급이 곧 아내와의 관계였다. 실직은 자신이 없어진 것과 다름없는 일이었다. 그는 아내에게 실직 사실을 말하지 못했다. 자신의 초라함을 드러낼 수 없었기 때문이다. 정선은 다시 한 번 아내에게 자신의 건재함을 과시하려다가 삶 자체가 낯설어지는 여러 가지 증상을 경험한다.

자아도취를 한다

도취형의 사람들은 자신을 대단한 사람이라고 생각한다. 다른 사람들도 자신을 그렇게 생각해주길 바란다. 자신이 대단하기 때문에 자신이 만나는 사람들도 대단한 사람들이어야 하고 대단한 사람들이라고 생각한다. 누군가 자기 주변 사람을 비난하면 마치 자신을 비난한 것으로 여겨 몹시 흥분한다. 그러다가 상대방의 말이 맞고 자신의 잘못이 드러나면 상대방의 탓으로 돌리거나 아이처럼 얼버무리며 넘어가려 한다.

박 씨는 늘 자랑을 하고 다닌다. 입만 열면 자신이 다니는 회사가 얼마나 좋은지, 자신이 만나는 사람들이 얼마나 대단한지를 얘기한다. 어느 날 친구가 박 씨 회사의 미래가 불투명하다는 말을 했다. 박 씨는 몹시 기분 나빠하면서 화를 냈다.

"아니, 미래가 확실한 회사가 세상에 어디 있어? 너는 무슨 근거로 우리 회사 미래가 불투명하다고 하는 거야!"

"통계에 나온 사실을 말했을 뿐이야."

박 씨의 성향을 잘 아는 친구는 급히 수습을 했지만 씁쓸해했다.

도취형의 사람들은 자신이 얼마나 잘하고 있는지, 또한 자신이 얼마나 괜찮은 사람인지를 보여주려고 한다. 이들은 마음속으로 '내가 얼마나 대단한 사람인데…….', '사람들은 다 바보 같아. 이런 인물을 못 알아보고 말이야!'라고 생각한다. 이런 생각은 표정이나 제스처로 종종 드러난다. 그래서 이들은 '분명하고 확실하게 표현을 하면서 살고 싶다.'고 느낀다. 이러한 마음은 다른 사람들에게 보여주는 겉으로 드러난 자기의 모습이다.

그러나 내면에는 작고 초라한 느낌, 형편없고 못난 느낌, 부끄럽고 창피한 느낌을 가지고 있다. 이러한 느낌이 들 때마다 '내 속의 나는 내가 아닌 것 같다.'라고 합리화를 한다. 즉, 내면에서 느껴지는 작고 초라한 느낌을 인정하지 않고, 밖으로 크게 보일 수 있는 자신의 욕망 또는 갈망을 따르는 분열된 삶을 살게 된다. 그러다가 다른 사람들이 자신의 부족하고 형편없는 모습을 지적하면 불같이 화를 내면서 다른 사람의 잘못을 지적한다. 이렇게 다른 사람의 잘못이 확인되어야 마음이 편안해진다.

타인에게 의존한다

의존형의 사람에는 두 종류가 있다. 지배를 하면서 의존하는 지배적 의존형과 종속을 하면서 의존하는 종속적 의존형이다. 지배적 의존형은 다른 사람을 지배함으로써 자신이 괜찮은 사람이라고 생각하고, 종속적 의존형은 다른 사람에게 매달리거나 붙어 있으면서 괜찮은 사람이기를 바란다.

연구원 장 씨와 친구 허 씨는 단짝처럼 붙어 다닌다. 장 씨는 허 씨를 각별히 보살핀다. 허 씨가 모임에 늦으면 전화를 걸어 왜 안 오는지 확인하고 다른 사람들이 허 씨에 대해서 궁금해하면 자신이 대신 말을 해주기도 한다. 때로는 허 씨에게 묻지도 않고 허 씨에 대해 얘기하기도 한다.

이 경우 장 씨는 자신이 커 보이기 위해서 허 씨에게 지배적 의존을 하고 있는 상태다. 허 씨를 돌보거나 챙기면서 자신이 괜찮은 사람임을 사람들에게 보여주고 있는 것이다. 허 씨는 장 씨에게 의존하면서 장 씨를 대단한 사람이라고 생각한다. 종속적 의존을 하고 있는 것이다. 이

둘은 친구 사이를 넘어 동반 의존하면서 자신들의 초라함이나 부족함을 보이지 않으려 한다.

의존형의 사람들은 스스로는 위축되어 있거나 혼란스럽기 때문에 타인에게 의존해 자신을 방어하려고 한다. 이들은 '나는 너무 비참한 사람이다.', '내 속에 있는 나는 너무 부끄럽고 보잘것없다.', '사람들이 나의 진짜 모습을 알까 봐 두렵고 불안하다.', '때로는 내가 쪼다 같은 느낌이 든다.', '무엇인가를 쥐고 있지 않으면 안 될 것 같다.'는 마음으로 산다.

스스로가 커 보이고자 택한 이런 방법들은 당장은 효과가 있는 것 같지만 결국 본인을 힘들게 만드는 가장 큰 요인이 된다. 유형별 성인아이의 성장 스토리를 살펴보자. 완벽형 성인아이의 성장 스토리는 1부에 소개되었던 정선 씨의 이야기다.

02

완벽형 성인아이의 성장 스토리

상사의 지적을 견디기 힘든 이유

정선 씨의 완벽형의 모습은 부사장과의 갈등에서 현저하게 드러났다. 그는 본사에 결재 서류를 들고 갈 때마다 불안한 마음이 든다고 했다. 완벽주의적 경향이 있는 부사장이 항상 잘못된 부분을 찾아냈기 때문이다. 정선 씨는 부사장의 지적을 받고 나면 한동안 정신이 멍해지고 아무것도 할 수 없었다. 부끄럽고 수치스러워 어디론가 숨고 싶었다. 나는 정선 씨에게 물었다.

"상사에게 지적을 받는 게 왜 그렇게 힘든가요? 무엇이 그렇게 두렵나요?"

처음 받아보는 질문에 당황한 듯 한참을 생각하던 정선 씨가 말했다.

"내가 무능한 사람이라는 것이 자꾸 확인되는 것 같아요. 이래 가지고 회사생활을 계속할 수 있을까, 회의도 많이 들어요. 정말 미치겠어요."

정선 씨는 서럽게 울었다.

정선 씨도 부사장 못지않은 완벽형이다. 완벽형의 성인아이인데 자신의 무능함이 건드려졌으니 견딜 수가 없는 것이다. 정선 씨가 앞으로 회사생활, 조직생활을 계속하려면 이 주제를 해결하지 않으면 안 된다. 그러려면 먼저 자신이 신체적으로나 사회적으로는 어른이지만 마음, 즉 정신적으로는 아이임을 인정해야 한다. 보통 성인아이인 사람이 성인아이라고 진단을 받으면 너무도 당황해하고 힘들어한다. 아이의 생각을 성인의 생각으로 포장해서 살았던 자신을 더 이상 믿을 수 없고 신뢰할 수 없기 때문이다. 자신의 지지 기반이 송두리째 없어지는 것이니 힘든 게 당연하다.

완벽형의 사람들이 가지고 있는 특징 중 하나가 자기규정이다. 이들은 스스로에 대해 규정을 한다. 정선 씨는 '나는 실수하지 않는 사람이다.'라는 자기규정을 가지고 산다. 실수하는 사람들은 형편없고 모자라며, 어른이라면 실수를 하지 않아야 한다고 생각하면서 말이다. 정선 씨는 결재를 받으러 가기 전 몇 번씩 서류를 검토하면서 '나는 실수하지 않는 사람이야. 그러니 내가 만든 서류는 완벽해야 해.'라고 다짐한다.

이러한 자기규정 때문에 정선 씨는 상담에서 '실수를 많이 하는 어린아이 같은 어른'이라는 진단을 받자 견딜 수 없어 했다. '완벽한 어른'

이라는, 자신이 믿고 유지해온 본인의 실체가 없어지는 것 같았기 때문이다. 이런 사람들이 완벽형의 사람들이다. 그래서 완벽형의 사람들은 처음에는 자신이 성인아이임을 부정하고 화를 내며 저항을 한다. 그러다 성인아이였음이 인정되면 "앞으로 어떻게 살아야 할지 모르겠다."는 말을 한다.

나는 정선 씨와 본격적으로 마음 작업을 시작했다. 정선 씨가 자신의 마음속에 있는 두려움의 실체를 들여다보도록 했다.

"무능하면 어떨 것 같으세요?"

내가 작고 나지막하게 물었다.

"잘 모르겠어요. 그런 생각은 해본 적이 없어요."

"무능하지 않을 때 정선 씨는 어떤 사람인가요?"

"그것도 잘 모르겠어요. 나는 내가 어떤 사람인지 생각해본 적이 없는 것 같네요."

"그래요. 잠시 시간을 가지고 생각해보도록 하시지요."

잠시 멍하니 있던 정선 씨가 어린 시절 얘기를 꺼냈다.

"교수님이 내가 어떤 사람이냐고 물으니까 아버지 생각이 났어요. 어렸을 때 아버지가 너무 무서웠어요. 아버지는 물어보는 말에 대답을 못하거나 틀리게 말하면 심하게 호통을 치셨어요. 어떤 때는 뺨도 맞았고 때로는 발길질도 당했어요."

정선 씨는 이 말을 하며 몸을 부르르 떨었다. 화가 난 것 같기도 하고 넋이 나간 것 같기도 했다.

　　　　　　　　　　　　　　　　　　　　남자의 후반전

"늘 아버지를 신경 쓰며 사셨군요. 왜 그렇게 아버지를 신경 쓰셨던 건가요?"

"아버지한테 혼나고 싶지 않았기 때문이죠!" 정선 씨는 화가 난 듯 갑자기 언성을 높였다. 그러곤 자신도 깜짝 놀랐다.

"그래요, 난 아버지가 날 혼내는 게 싫었어요. 너무 무서웠어요. 아버지한테 혼나지 않으려고 공부도 하고 일도 했어요. 아버지께 인정받고 싶었어요."

정선 씨는 이 말을 하고 한참을 울었다. 정선 씨의 실수하지 않으려고 하는 행동은 무서운 아버지 밑에서의 유일한 생존법이었다.

정선 씨는 부모님과 주변 사람들의 인정을 받으려고 '공부하고 일하는 세상'으로 갔다. 그가 원했던 것은 부모님의 따뜻한 관심과 돌봄이었다. 마음의 연결이었다. 무엇을 잘해서가 아니라 존재 자체로 사랑받고 인정받고 수용받고 싶어 했다. 그 마음을 얘기하지 못하고 대신 일 세상으로 가서 인정받는 길을 택했던 것이다.

정선 씨는 한참을 울고 난 뒤 허탈한 표정으로 말했다.

"내가 누구인지 모르겠어요. 길을 잃은 것 같기도 하고 뭐가 뭔지 하나도 모르겠어요. 앞으로 무엇을 해야 할지, 그리고 어떻게 살아야 할지 전혀 모르겠어요."

그러곤 아주 어린아이 같은 목소리로 얘기하면서 나를 쳐다보았다.

"교수님, 도와주세요. 이제 저는 어떻게 해야 하나요?"

성인아이임을 인정할 때 느끼는 감정들

부모에 대한 분노

성인아이임을 인식하고 인정하면 그동안 느끼지 못했던 감정을 느끼게 된다. 먼저 자신을 이렇게 만든 부모에게 몹시 화가 난다. 머리로 인정한 성인아이를 가슴으로 인정하기 위한 과정이다. 정선 씨는 성인아이였음을 인정하고 한동안 어린아이 같은 행동이나 말을 하다가 갑자기 어른처럼 말을 했다. 자신이 성인아이가 된 이유는 부모가 그렇게 키웠기 때문이라며 부모에게 아주 많이 화가 난다고 했다.

"나는 어린 시절에 거의 놀아보지를 못했어요. 아버지는 너무 무서웠고 어머니는 늘 동생 잘 돌봐라, 공부해라고만 했기 때문에 아이로서의 시간을 가질 수 없었어요. 이제 생각이 나는데요. 어렸을 때 아이들이 밖에서 노는 것을 보면서 나도 얼마나 놀고 싶었는지 몰라요. 그때는 몰랐는데 지금 생각해보니 내 삶에서 소중한 무엇인가를 빼앗긴 것 같아요. 부모님이 왜 나를 이렇게 키웠는지 정말 화가 나네요. 지금 같으면 아버지한테 뭐라고 할 수도 있고 어머니한테 그만하라고 말을 할 수도 있는데, 그때는 내가 너무 어렸잖아요."

정선 씨는 부모님이 당신들이 원하는 삶을 자신을 통해 이루려 했다며 자신이 이용당한 것 같아서 자꾸 분노가 치밀고 화가 난다고 했다. 부모님뿐 아니라 제대로 대응하지 못한 자신에 대해서도 화가 나고 다른 사람들이 다 미워진다고도 했다. 가장 억울한 것이 놀아보지 못한 어린 시절이라며 보상받고 싶어 했다.

허탈, 공허, 무기력 그리고 우울

이런 분노와 화의 감정에 이어서 발생되는 감정은 허탈하고 공허하며 무기력하고 우울한 느낌이다. 이는 성인아이들이 어린 시절에 겪은 일이나 감정, 에피소드를 말하면서 공통적으로 느끼는 감정이다. 그동안 애쓰면서 노력해왔던 것들이 얼마나 허망한지를 깨달으면서 느끼게 되는 감정이다. 자신의 삶에 대한 새로운 인식이 생기면 많은 성인아이들이 무력감을 느낀다. 자신의 삶이 한없이 슬퍼서 눈물을 흘린다. 어린 시절 행복하게 지내고 싶었던 소망을 떠올리며 그러지 못했던 어린 시절을 가슴 아파한다.

일주일 후 상담실을 다시 찾은 정선 씨는 많이 달라져 있었다. 기운이 하나도 없고 무기력해 보였다.

"혹시 지금 마음이 어떤지 말할 수 있나요?"

"자꾸 눈물이 나요. 아무것도 하기 싫어요."

정선 씨는 그동안 자신이 얼마나 부모님의 인정을 갈구하며 불쌍하게 살아왔는지를 깨달았다. 이 깨달음이 정선 씨를 힘들게 했다.

"모든 것이 소용없어 보여요. 마음이 텅 빈 것 같고 내가 참 어리석게 산 것 같아요. 내가 왜 그렇게 일만 하면서 살았는지……. 결국 아버지한테 혼나지 않으려고, 인정받으려고 죽어라 일을 한 거잖아요."

"네, 잘 보셨어요. 그렇죠. 왜 그렇게 인정을 받으려고 했던 걸까요?"

"그래야 내가 아버지가 원하는 사람이 되니까요."

"무엇 때문에 아버지가 원하는 사람이 되려고 하지요?"

"그야 당연하죠. 그래야 제가 원하는 것을 얻죠."

"원하는 것이 무엇인데요?"

"네? 그거야 아버지의 사랑이죠."

정선 씨는 이 말을 하고 흠칫 놀랐다. 그러곤 뭔가를 깨달은 표정을 지었다.

"내가 아버지의 사랑을 받고 싶어서 일로 인정을 받는 게 그렇게 중요했던 거군요. 그래서 그렇게 실수하지 않으려고 했던 거군요. 상사의 인정을 받으면 사랑받을 만한 존재가 되고, 상사의 인정을 받지 못하면 사랑받지 못하는 존재가 되는 것 같아서 부사장에게 지적을 받을 때마다 그렇게 괴로웠던 거군요."

이 말을 하며 정선 씨는 통곡을 했다. 불안한 마음으로 아버지의 사랑을 바라던 어린 정선 씨. 이 마음은 아버지로 보이는 다른 사람, 조직의 리더나 상사와의 관계에서도 반복되었다. 이것 때문에 정선 씨는 완벽하게 일해보겠다고 전전긍긍하며 살아왔다.

좌절감과 절망감을 넘어

"일만 잘하면 다 된다고 생각했는데 그게 아니라니……."

정선 씨는 과거에 대한 후회와 허전함, 그리고 앞으로 어떻게 살아야 할지 잘 모르겠는 막막함 속에서 슬퍼하고 우울해했다. 무기력과 공허하고 슬픈 느낌은 좌절이나 절망감을 말해준다. 그리고 얼마나 외롭고 추웠는지를 말한다.

"저는요, 어렸을 때 너무 외로웠어요. 부모의 인정이 간절히 필요했어요. 친구들 중에서도 따뜻한 마음을 가진 친구가 좋았는데, 지금 생각해보니 이유를 알 것 같아요. 혼자 있는 날은 슬프기도 하고 춥기도 해서 만화방이나 오락실처럼 따뜻한 곳을 골라 다녔어요."

얼마나 많은 아이들이 지금도 정선 씨 같은 삶을 살며 성인아이가 돼가고 있는지 생각할수록 가슴이 아프고, 인간이 참으로 불쌍하다는 생각이 든다. 나는 정선 씨에게 물었다.

"혹시 슬프고 허전하고 우울하기만 한가요? 아니면 다른 마음도 있나요?"

고개를 갸우뚱하던 정선 씨가 말했다.

"슬프고 우울하고 허전하지만 한편으로는 편안해요. 이제는 옛날처럼 불안하거나 무겁거나 부담감을 느끼지는 않는 것 같아요."

정선 씨는 제대로 치유되는 과정 속에 있었다. 시간이 지나면 우울하고 슬프고 허전하며 절망적인 마음은 지나가고 새로운 마음이 생긴다. 새로운 마음이란 가벼운 느낌이다. 완벽형의 사람들은 실수하지 않으려는 마음 때문에 많은 부담감과 압박감을 가지고 산다. 우울하고 슬프고 허전하고 절망적인 마음을 넘어서면 이러한 부담감과 압박감으로부터 벗어나서 가벼운 마음이 든다. 가벼운 마음은 새로운 삶을 시작하는 중요한 조건이다. '새 술은 새 부대에'라는 말이 있다. 새로운 마음이 새로운 삶을 만들어가게 한다. 그러나 새로운 삶은 그냥 시작되지 않는다. 기존의 익숙한 방법들이 해체되어야 한다. 새로운 삶의 방식을 안다 하더라도 기존의 익숙했던 방어로 예상하지 못한 방식으로 왜곡되는 일이 종종 벌어진다.

인간은 누구나 부족한 존재

마음 넓은 척, 대범한 척하지 않기

완벽형의 사람들은 실수나 실패를 받아들이면서 보통 사람처럼 사는 방법을 배워야 한다. 성인의 특징 중 하나가 한계를 인정하는 마음이다. 어린아이들은 자신들이 원하면 다 되는 줄 안다. 그러나 청소년기를 거쳐 어른이 되면 할 수 있는 것과 할 수 없는 것을 구별하는 현실적 안목이 생긴다. 완벽형의 사람들은 이 현실적 안목에 문제가 있는 사람들이다.

정선 씨는 다른 사람들에게 완벽하게 보이기 위해서 너무나 노력해 온 사람이다. 그는 자신이 초라하고 보잘것없다고 생각하기 때문에 다른 사람들로부터 부정적인 피드백을 받기 싫어했다. 그런데도 부정적인 피드백을 받으면 그것이 맞는지 아닌지 따져보지도 않고 무조건 수용했다. 이는 자신이 마음이 넓고 괜찮은 사람인 척하는 것으로, 완벽해지려는 또 다른 시도다. 정선 씨에게 물었다.

"마음이 넓은 사람처럼 행동하는 건 무엇 때문인가요?"

정선 씨는 이런 질문을 난생처음 받아보았다. 머뭇거리며 대답을 하지 못하던 정선 씨가 입을 열었다.

"다른 사람들이 나를 좋은 사람, 그리고 괜찮은 사람으로 인정해줄 거라고 생각했던 것 같아요."

"큰사람이고 싶었군요."

"제가 큰사람이 되고 싶어서 그랬던 거라고요?"

정선 씨는 멍하니 있다가 입을 열었다.

"어렸을 때 아버지로부터 '지지리도 못난 놈, 바보 같은 놈'이라는 말을 자주 들었어요. 그런 말을 들으면 내가 너무 못나고 초라한 느낌이 들었어요. 그래서 얼른 그 말을 막으려고 싫어도 싫은 척하지 않고 다 받아들이며 대범한 척했어요. 아버지는 어떻게 자식한테 그런 말을 아무렇지도 않게 하신 거죠?"

정선 씨는 아버지를 향한 분노를 드러내더니 울음을 터뜨렸다. 수많은 정선 씨들이 이렇게 자신의 부끄럽고 떨리는 모습, 연약한 모습, 보잘것없는 모습, 바보 같은 모습을 보이기 싫어서 남들에게 당당해지고 싶어 한다. 그러나 어찌하랴! 그렇게 바보 같은 모습이 내 모습이고 한심한 모습이 내 모습인 것을! 인간은 실수하고 잘못하고 바보 같은 모습을 가지고 있다. 이런 모습을 부정하려고 하는 인간은 대가를 치러야 한다. 그 대가가 바로 현재 나를 힘들게 하고 있는 증상들이다.

'괜찮아 보이는 나'로 도망가지 않기

상담 과정 중 어렵거나 고통스러운 상황이 되면 사람들은 이전의 방법을 사용해 피하려고 한다. 정선 씨에게서 다시 완벽형의 모습이 나왔다. 나와 이야기를 하면서 실수를 하지 않으려고 이리저리 재면서 지적하는 말을 하려고 했다.

"교수님께는 생각나는 대로 말을 하면 말려드는 것 같아요. 교수님은 제 말꼬리를 잡고 늘어지시잖아요. 제가 한 말 중에 틀린 말만 붙잡아 말씀을 하시고……. 핵심을 비켜가는 것 같아요."

그러면서 자신이 울면서 한 말들은 다 취소라고 했다. 마치 술 취한 사람들이 술 마시고 한 이야기는 다 헛소리였다고 하거나, 화났을 때 무슨 말을 못하냐며 그때 한 말은 진심이 아니라고 하는 말이나 같다. 그러나 기억해야 한다. 술 마시고 한 이야기, 그리고 화가 나서 한 이야기, 정선 씨처럼 울면서 한 이야기는 다 진심이다. 마음속 깊이 들어 있는 말들은 평상시에는 방어를 하기 때문에 좀처럼 나오지 않는다. 그러나 술을 마셨을 때, 울 때, 그리고 화가 났을 때는 방어가 풀리면서 속마음이 나오게 된다.

나는 정선 씨에게 잠시 시간을 주면서 자신이 한 말을 생각해보라고 했다. 자신이 한 말이 가슴 깊은 곳에서 나온 말인지, 아니면 무엇인가 불안하고 두려운 마음에서 나온 것인지를 느끼도록 하기 위해서였다. 이렇게 자신의 마음을 느끼는 과정이 곧 현재에 머무는 행동이다. 나는 정선 씨에게 현재에 머물기를 종용했다.

남자의 후반전

"지금 기분이 어떠신가요?"

"너무 떨리고 무서워요. 왠지 내가 송두리째 없어지는 것 같아요."

"지금 내가 없어진다고 했는데……, 그 '내가'는 누구를 말하는 것인가요?"

나는 재차 질문했다. 정선 씨는 자신의 진정한 모습인 바보 같고 형편없으며, 실수하는 자기 자신으로부터 도망가고 있음을 인식하고 있었다. 그것을 알면서도 나에게 저항했다. 사실 그는 자신에게 저항을 하고 있었다. 상담자인 나를 붙들고 자신을 만나려고 하지 않았다. 이 싸움은 누구에게나 힘든 것이다. 나는 정선 씨의 마음을 읽어주며 온전히 공감해주었다.

"그래요, 얼마나 오랫동안 당당해지고 싶었나요? 다시는 다른 사람들로부터 무시당하고 싶지 않았죠? 그래서 그렇게 다른 사람들에게 자신의 진짜 모습을 보이고 싶지 않았잖아요. 너무 힘들고 어려운 시간이었고 삶이었지요?"

정선 씨는 눈물을 흘렸다.

"맞아요, 교수님. 정말로 힘들고 어려웠어요. 남들에게 괜찮게 보이려고 얼마나 긴장하고 부담을 가지고 살았는지 몰라요. 이제는 그렇게 살고 싶지 않아요."

그는 다시 부족한 자기로 돌아왔다. 도망가려는 자신을 다시 붙들었다. 나는 칭찬을 아끼지 않았다.

"그래요. 이렇게 자신과 싸우는 사람이 위대한 사람이에요. 많은 사

람들이 이렇게 하지 않고 다른 사람들과 싸우려고 하기 때문에 다툼이
끝이 안 나지요."

내면의 부정적인 목소리와 맞서기

정선 씨는 괜찮아 보이는 사람으로 도망가려는 마음을 붙잡고 씨름
하면서 자신의 내면에 한 발 더 다가갔다. 그러자 마음속에서 들려오는
목소리를 듣게 되었다. 너무나 익숙한 비난하고 부정하는 목소리였다.

"너 원래 못났잖아! 너는 맨날 실수하잖아! 그런 네가 뭐 자신을 받
아들인다고? 쯧쯧!"

아버지로부터 오랫동안 들어왔던 목소리가 어느새 정선 씨 자신의
목소리로 바뀌어 있었다. 이 목소리는 자신이 태어날 때부터 못나고 형
편없는 사람이라고 말을 하고 있었다. 전에는 이런 목소리로부터 도망
가기 위해 '척'하며 살았다.

"가끔씩 이 목소리들이 들렸어요. 특히 내가 회사에서 실수를 하고
기분이 좋지 않을 때 저를 너무도 괴롭혔어요. 부사장에게 혼이 나면 정
말로 나 자신이 보잘것없는 사람이라는 것이 확인이 되잖아요."

많은 사람들이 실수하고 잘못할 때 이런 내면의 목소리를 듣는다. 이
제 정선 씨는 이 목소리와 맞서야 한다. 나는 정선 씨에게 그리고 이제
는 혼자서 그 목소리를 상대하지 말고 나와 같이 상대하자고 했다. 정선
씨는 불안해했지만 나를 의지하면서 그 목소리와 직면하기 시작했다.

너는 원래 그래!

먼저 "너는 원래 그래!"라는 내면의 목소리에 도전했다. 나는 먼저 정선 씨에게 이 말에 얽힌 아버지와의 경험을 물었다. 정선 씨가 초등학교에 다닐 때, 아버지는 글쓰기 과제를 제출하기 전 자신에게 먼저 검사를 받도록 했다. 아버지는 정선 씨가 쓴 글씨 한 자, 문장 하나하나를 검토하면서 매서운 목소리로 글자가 왜 이렇게 삐뚤어졌느냐고 야단을 치고 문장이 말이 안 된다며 화를 냈다고 한다.

"이래 가지고 도대체 학교를 다닐 수나 있겠냐? 너는 원래 그런 놈이야! 내가 진즉에 알아봤어! 형편없는 바보 같으니!"

정선 씨는 이 말을 하며 화를 내던 아버지를 떠올리면서 몸을 떨었다. 마치 아버지가 옆에 있는 것처럼 무서워하며 울었다. 나는 얼마나 무서웠냐며 그리고 얼마나 힘들었냐며 우는 정선 씨에게 공감해주었다.

한참을 울던 정선 씨가 불현듯 아버지를 향해서 화를 내기 시작했다.

"아니, 어린아이가 글씨를 삐뚤어지게 쓸 수도 있고 문장이 말이 안 되게 쓸 수도 있지. 아버지는 왜 그렇게 나를 못 잡아먹어서 안달이 났던 거야?"

나는 정선 씨에게 이렇게 말을 하고 난 마음이 어떤지를 물어보았다.

"통쾌해요! 아버지에게 한 번도 이렇게 말을 못해봤거든요. 나는 아버지가 다 옳은 줄 알았어요. 지금도 아버지는 자신이 옳다며 보기만 하면 잔소리를 해요."

"아버지가 한 말 '원래 그래!'라는 말이 지금은 어떻게 들리나요?"

이 질문은 과거를 재구성할 때 던지는 질문이다. 과거 재구성하기는 정선 씨처럼 '나는 원래부터 실수를 하는 사람'이라는 과거의 생각을 버리고 새로운 방식으로 자기를 재구성하기 위해서 필요하다. 심리 치료는 과거에 형성된 생각이나 느낌을 현재의 시점에서 재구성하거나 재경험을 하게 함으로써 새로운 사람이 되도록 하는 과정이다.

질문을 받은 정선 씨는 무슨 그런 질문을 하느냐는 표정을 지었다.

"네? 뭐라고요? 제가 원래 실수가 많은 사람이잖아요. 초등학교 때 아버지 말처럼 제가 실수를 하지 않았으면 그렇게 혼나지 않았을 테지요."

"맞아요. 아이들이 실수를 하지요. 인간이면 누구나 실수를 하고 잘못을 하는 거지요."

"그래요. 교수님과 제가 같은 말을 하고 있잖아요?"

"내가 한 말과 정선 씨가 한 말이 같은 말이라는 생각이 드나요?"

정선 씨는 한동안 눈을 깜박였다. 그러더니 뭔가 새로운 경험을 한 듯 말했다.

"아니네요! 저는 내가 원래 실수하는 사람이라고 생각하고 있었는데, 교수님은 아이들이 그렇다고 말씀을 하시네요. 인간이 다 그렇다고 말씀을 하시네요."

정선 씨는 과거의 생각에서 벗어나 새로운 경험을 하고 있는 중이다.

"네, 그렇죠. 맞습니다."

나는 확인을 해주었다.

"나만 그런 게 아니고 다른 사람들도 실수를 하면서 산다고 생각하

남자의 후반전

니 마음이 한결 가볍네요."

인간은 누구나 연약하고 부족하기 때문에 실수를 하면서 산다. 그런데 우리는 이렇게 실수하는 존재를 용납하지 못하는 사회, 가족, 관계 속에서 살고 있다. 그래서 마치 자신은 안 그렇다는 듯이 "너는 원래 그래!"라며 상대방을 비난하는 세상이 된 것이다. 그러니 "너는 원래 그래!"가 실은 "우리는 모두 그래!"여야 한다. 이러한 대화를 하면서 정선 씨는 한껏 기운이 난다고 했다.

또 실수했네!

다음으로는 "또 실수했네!"라는 내면의 목소리를 다루었다. 아이들이 실수를 하고 인간이 실수를 하는 존재임을 받아들였음에도 불구하고 정선 씨는 자신의 마음속에 "또 실수를 했네!"라는 목소리가 있다고 말했다.

"또 실수를 하면 어떤데요?"

"기분이 정말로 좋지 않아요. 마치 실패자 같은 느낌이 들어요."

정선 씨는 반복적으로 실수하는 자신을 용납할 수 없어서 자신을 구제불능의 실패자라고 하고 있었다.

"에디슨 아시죠? 에디슨의 이야기는 어떻게 생각하세요?"

"에디슨은 위대한 발명을 한 사람이잖아요."

"그가 위대한 발명을 하기 전에는 수많은 실수와 실패가 있었어요."

"그 사람은 천재고 나는 그냥 보통 사람인데 어디 비교를 할 수 있나요?"

"왜 에디슨은 실수를 해도 되고 나는 하면 안 되는 건데요?"

한동안 곰곰이 생각하던 정선 씨가 말을 했다.

"그래요. 에디슨도 인간이고 나도 인간이니 모두 실수할 수 있네요. 반복적이고 거듭해서 실수를 할 수 있어요. 그런데 아무도 에디슨에게 실패자라고 하지는 않네요."

정선 씨는 중요한 지점에 도달했다. 에디슨을 실패자라고 하지 않듯이 자신도 실패자가 아님을 시사하는 말을 했다.

"지금 정선 씨는 '인간은 실수할 수 있다.'라는 사실을 받아들이고 있잖아요. 반복적 실수에 대해서는 어떤 생각이 드나요?"

"실수를 할 수는 있다고 생각하지만 반복을 하면 안 된다고 생각을 하는 것 같아요."

"실수를 하고 싶어서 하나요? 아니면 어떻게 하다 보니 실수를 하게 되나요?"

"누가 일부러 실수를 하겠어요?"

"그렇습니다. 어떻게 하다 보니 그렇게 되지요."

"네 그러네요, 교수님. 인간은 반복적으로 실수할 수도 있는 것이네요."

그렇다. 수많은 실수와 실패는 실수와 실패로 머물지 않는다. 이는 이미 위대한 사람들의 역사에서 증명되었다. 에디슨은 수많은 실수와 실패를 통해서 위대한 발명가가 되었다. 그래서 그는 "실패는 성공의 어머니"라는 유명한 말을 남겼다.

"이제 인간은 누구나 실수를 하고 또 반복적으로 실수를 할 수도 있

남자의 후반전

다는 것을 받아들였습니다. 실수나 실패를 통해서 보게 된 세상이 있다면 무엇인가요?"

처음 접하는 생소한 질문에 정선 씨는 한참을 생각했다.

"실수를 한다는 것은 우리가 인간이기 때문이라는 생각이 들어요. 만일 실수나 실패가 없다면 그것은 기계나 신이 아닐까요?"

나는 정말 존경의 마음으로 정선 씨를 바라보았다.

"맞아요. 맞습니다. 실수나 실패는 우리가 인간임을 증명하는 것입니다. 사람들은 실수하거나 실패하는 사람들에게 편안함을 느끼고 그들과 가까이하려고 하지요. 물론 일을 하는 데 있어서 실수나 실패는 많은 어려움을 주지만, 사람들과의 관계에서는 실수나 실패가 중요한 계기가 되기도 합니다."

그리고 에피소드 하나를 들려주었다.

"오래전 어떤 모임에서 체육대회가 있었습니다. 젊은 남녀가 짝을 이루어 2인3각 경기를 하는데, 한 팀이 넘어졌어요. 남자는 벌떡 일어나 여자를 질질 끌다시피 했습니다. 경기를 마치긴 했는데, 남자 때문에 여자가 발목을 많이 다쳤죠. 그런데 그 후 두 사람은 결혼까지 하게되었어요. 그날 바로 그 상처가 두 사람을 맺어준 거였죠. 두 사람은 상처를 보면서 서로 미안한 마음, 애틋한 마음을 느꼈고 평생을 같이 사는 사람이 되었지요."

정선 씨는 자신이 그렇게 피하려고만 했던 실수와 실패에 대해 다르게 보게 되었다. 실수와 실패를 통해 배우는 것도 있고 그것을 어떻게 다루느냐에 따라 사람을 이어주는 기회가 되기도 한다는 것을 깨달았다. 보통 사람들은 실수나 실패에 대해서 잘못을 했는지 안 했는지 여부만을 따진다. 그러나 그 실수나 실패가 가지는 여러 가지 함축적 의미에 대해서는 잘 생각하지 않는 경향이 있다.

실수와 실패를 용납하기

정선 씨는 이제 자신 안의 부정적 목소리를 다룰 수 있는 중요한 국면에 도달했다. 나는 정선 씨에게 '원래 그래!'라는 주제와 '또 실수를 했네!'라는 주제를 다루면서 느낀 점을 말해달라고 했다.

"저는 실수를 할 때마다 제 자신을 부정적으로 봤어요. 실수하는 나를 용납할 수 없었어요. 그때마다 제 안에서 '너는 원래 그런 사람이야.'라는 목소리가 들려왔고, 그래서 나는 원래 실수하는 사람이 아님을 증명하기 위해서 너무나도 많은 노력을 하며 살았어요. 내가 그동안 이 목소리를 피하려고 그렇게 힘들게 살았던 것을 깨닫게 됐어요."

나는 칭찬을 아끼지 않았다. 그는 자신의 삶이 어떤 삶이었으며 왜 그렇게 살아왔는지 좀 더 분명한 그림을 그려가고 있었다.

"또 깨달은 것이 있나요?"

"있지요. 제가 실수할 수 있는 존재라는 사실과 실수하면서 배워가는 사람이라는 거요."

"그래요. '너는 원래 그래!'라는 말에 대해서 사람은 누구나 실수하면서 배워가는 거라고 정리를 했어요. 실수하면서 배우고 있는데 또 실수를 했어요. 그러면 내면에서 '또 실수했네!'라는 목소리가 들릴 텐데 이것은 어떻게 정리를 할 수 있을까요?"

정선 씨는 이 질문에 대해서는 쉽게 대답을 하지 못했다. 나는 이 질문에 대해 숙고하도록 숙제를 내주었다. 일주일 후 정선 씨는 놀라운 이야기를 하였다.

"처음에는 교수님이 하신 질문이 무슨 말씀인지 잘 모르겠더라고요. 곰곰이 생각도 해보고 다른 사람들에게 묻기도 해보았어요. 그러다 깨달았어요. 나는 그동안 결과에만 신경을 쓴 것 같아요. 결과에 이르는 과정에 대해서는 전혀 생각을 못하고 산 것 같아요."

맞다. 현대 사회는 우리에게 결과만 요구한다. 결과에 이르는 과정이나 결과를 만들어내는 수많은 실수나 실패에 대해서는 거의 신경을 쓰지 않는다. 정선 씨의 아버지는 정확하게 현대 사회가 만들어낸 결과 중심적, 결과 지향적 인물이었다. 그는 초등학생 아이가 배워가는 과정을 함께해주지 않고 아이로 하여금 완성된 결과만 내놓도록 닦달하며 화를 냈다. 정선 씨는 상담 과정에서 자신이 깨닫도록 기다려주고 격려해준 내 모습과 가르쳐주지는 않고 화만 내던 아버지의 모습을 떠올리며 이 점을 깨달았다. 그러면서 자신도 지금 아이들에게 아버지와 똑같은 방식으로 강압적으로 대하고 있음을 보게 되었다. 이제 많은 것이 또렷해졌다. 왜 그렇게 본인의 아이들이 자신감이 없는지, 그리고 공부도 잘했고 일도 잘하는 자신이 왜 그렇게 힘들게, 자신감 없이 살고 있는지 분명한 이해를 하게 됐다.

"앞으로 다시 '너는 원래 그래!', 그리고 '또 실수를 했구면!'이라는 목소리가 들릴 때 어떻게 하시겠어요?"

"교수님, 이제는 '나는 실수할 수 있고 그것을 통해 배워가는 사람'이라고 말할 수 있을 것 같아요. '넌 원래 그래!'라는 목소리가 들리면 '그래 맞아! 나는 사람이라 실수할 수 있어.'라고 말하고, '또 실수했잖아!'라는 목소리가 들리면 '맞아! 또 실수를 했어. 앞으로도 실수를 할 것 같아.'라고 말할 수 있을 것 같아요."

"이제 부정적 목소리와 정선 씨는 어떤 관계인가요?"

"그 목소리들은 너무 오래돼서 앞으로도 나오겠지만, 이제 더 이상 저를 지배할 것 같지는 않네요. 이제는 제가 이러한 목소리들보다 더 큰 사람이라는 생각이 들어요."

나는 뛸 듯이 기뻤다. 정선 씨는 이제 자기의 주인이 되었다. 자신의 안에서 자기를 비난하는 목소리를 자기 마음대로 요리할 수 있는 존재가 되었다. 이제 자신의 목소리를 초월하는 초월적 존재가 되었다. 정선 씨는 부정적 목소리가 들릴 때마다 자신이 어떤 존재인지를 확인하는 과정을 거쳤다. 앞에서 했던 과정을 여러 다른 영역에서 반복했다. 이러한 반복이 정선 씨에게 확신을 심어주었다.

이 과정에서 그에게 '쪼다'와 '찌질이'에 대한 새로운 개념이 생겼다. 그동안은 완벽하지 못한 자신이 쪼다고 찌질이라고 생각했는데, 이제는 부정적 목소리를 회피하는 자신이 쪼다고 찌질이임을 알게 되었다. 그렇다. 자신의 내면을 보기가 두려워 도망가고 회피하면서 안전하고 편안한 세상에만 머무르려고 하는 마음이 쪼다고 찌질이다. 그는 이 사실을 알고 너무도 기뻐했다. 새롭게 태어났다. 결과 중심적이고 안전 지향적 세상으로부터 과정 중심적이고 모험 지향적 세상의 사람으로 거듭났다. 이제 정선 씨는 새로운 세상을 살 준비가 되었다.

부담 · 긴장 · 불안 없는 보통의 세상에서 살기

그동안 맺었던 관계 패턴 인식하기

완벽형의 사람들에겐 '위대한 삶'이 아닌 '보통의 삶'이 새로운 세상이다. 이 새로운 세상은 부담도 긴장도 불안도 없다. 하루하루를 온전히 사는 세상이다. 뭔가를 위해 오늘을 희생하는 게 아니라 오늘을 가장 큰 선물로 여기며 사는 세상이다. 일하고 나면 쉬면서 자신을 돌보며 사는 세상이다.

시간이 지나면서 정선 씨는 부모에 대해서 다시 생각하는 시간을 가졌다. 자신의 부모가 어떤 삶을 살아왔는지 새롭게 인식했다. 그동안 정선 씨는 방어를 하느라고 다른 사람들의 삶을 객관적으로 살피는 시간이 거의 없었다. 다른 사람이 그들의 삶에 대해 얘기를 하면 그 이야기 속에 혹시라도 자신을 무시하는 말이 있나 확인하느라 정작 그 사람이 어떤 사람인지, 그리고 어떤 인생을 살아왔는지에 대해서는 관심도 없었고 접수되지도 않았다.

정선 씨의 부모는 둘 다 생업에 바빴다. 남대문시장에서 장사를 했기 때문에 늘 새벽에 일을 나가셨다. 정선 씨는 부모가 자신을 제대로 돌볼 수 없는 환경이었음을 인식했다. 부모님은 장남인 정선 씨에게 집안일을 다 맡겼다. 동생도 챙겨야 했다.

부모님은 집에 들어오면 동생부터 챙겼다. 동생이 밥 잘 먹고 말썽 없이 학교에 다니면 집안은 편안했다. 집안이 동생을 중심으로 돌아갔다. 그러다 보니 정선 씨의 관심사도 늘 동생이었다. 어느덧 자신은 없어지고 동생과 집안일만 있는 삶을 살게 되었다. 힘이 들었던 정선 씨가 동생에게 일을 맡기기도 했는데, 동생은 싫다면서 하지 않았다. 동생이 괘씸했던 적이 한두 번이 아니었다. 청소년이 되면서 정선 씨는 부모님께 반항을 하기 시작했고, 동생을 괴롭히는 것으로 부모님을 힘들게 했다. 결국 정선 씨는 동생과 사이가 틀어졌고 부모님과도 소원한 관계가 되었다.

그는 어렸을 때 아이로서 할 수 있는 일과 할 수 없는 일, 해야 할 일과 하지 말아야 할 일, 그리고 하고 싶은 것과 하고 싶지 않은 것들의 구별 없이 살았음을 깨달았다.

"그때는 동생이 나고 내가 동생이었어요. 우리 둘밖에 없었기 때문에 동생에게 무슨 일이 생기면 그건 내 문제였어요. 크면서 동생과 다투게 됐고 지금은 서로 원수처럼 지내지만……, 그때는 그랬어요."

나와 남 사이에 심리적 경계선 세우기
정선 씨는 자신이 어떻게 살아왔는지 더 확실하게 깨달았다. 부모와 형제간의 경계선이 무너진 삶이었다. 부모와 자식 간에는 엄연히 경계가 있는데, 부모님을 대신해 동생에게 부모 역할을 함으로써 이 경계가 무너졌다. 또한 동생 일을 마치 자신의 일처럼 여김으로써 동생과의 심리적 경계선이 무너졌다.

"동생과 정선 씨는 다른 사람인데 동생 일이 내 일 같았던 이유가 무엇이었을까요?"

"그러게요. 동생과 나는 성향도 다르고 좋아하는 것도 다르고 사는 방향도 달라요. 그런데도 저는 동생과 저를 하나처럼 생각하고 살았어요. 그때는 동생을 위해서라면 목숨이라도 줄 수 있을 것 같았어요."

"무엇 때문에 그랬을까요?"

"부모님을 기쁘게 하려다 보니 그랬겠죠, 뭐."

정선 씨는 불쑥 나온 자신의 말에 다시 한 번 뭔가를 깨달은 듯했다.

"네, 제가 부모님을 도와드리려고, 기쁘게 하려고 동생 일을 제 일처럼 여긴 거군요. 동생이 행복하면 제가 행복한 줄 알았어요. 이젠 나도 내가 좋아하는 것을 하고 살아야겠네요."

이 말을 하며 결의에 찬 표정을 지었다.

나는 정선 씨에게 칭찬을 아끼지 않았다. 정선 씨는 지금 처음으로 자신의 경계선을 유지하는 방법을 배우고 있다. 마치 자신은 없는 존재인 양 부모님과 동생을 위해서 살았던 정선 씨. 이제 자신이 무엇을 좋아하는지, 무엇을 원하는지, 그리고 어떻게 하고 싶은지에 관심을 가지기 시작했다. 다른 사람을 위해서가 아니라 자신의 마음이 원하는 것을 하고 사는 법을 터득하고 있다. 비록 느리지만 이전 삶의 방식을 버리고 새로운 삶의 방식을 하나씩 배워나갔다. 사실 성인아이가 어른이 되는 과정은 쉽지 않다. 그동안 살았던 것과 다른, 새로운 삶을 살기 위해서는 많은 시간이 걸리고 그 시간만큼의 심리적, 경제적 투자가 필요하다. 이러한 투자를 바탕으로 새로운 인생이 펼쳐진다.

상담을 하는 도중에 정선 씨는 동생으로부터 어려우니 도와달라는 연락을 받았다. 정선 씨는 "저는요, 누군가 불쌍한 느낌이 들면 그냥 물불을 안 가리고 뛰어드는 경향이 있어요. 너무 불쌍해서 견딜 수가 없고 그 사람이 행복해지면 제가 행복한 것 같아요."라고 말을 한 적이 있다. 불쌍한 사람을 보면 동생처럼 느껴져서 자꾸 뛰어들어서 도와주게 된다는 것이다.

그러나 이제는 달라졌다. 동생에게 "무엇이 어려운 거냐? 왜 어려워졌냐? 뭘 도와달라는 것이냐?" 이것저것 물어보며 상황을 파악했다. 그리고 자신이 돕고 싶은지를 먼저 점검했는데 아직은 때가 아니라고 판단했다. 동생과 자신 사이에 심리적 경계선을 세우니 동생의 요구를 무조건 들어주지도 않고 자신의 마음도 살펴보는 힘이 생겼다.

"전에는 도와주고도 사실 뭔가 찜찜한 느낌이 들었어요. 그래도 동생이 고생하는 것 같으면 견딜 수가 없어서 도와주곤 했죠."

나는 이렇게 말하는 정선 씨를 한껏 격려하고 지지했다.

"네, 아주 잘하고 있네요."

"이제는 도와주고 나서 기쁨을 느끼고 싶어요. 그리고 도움을 받은 동생이 저한테 고마워하는 것을 보고 싶어요."

정선 씨는 확실히 달라졌다. 자신의 경계선을 세울 줄 아는 사람이 되었고 자신이 원하는 것을 분명하게 인식하고 이를 관계 속에서 실천할 수 있는 사람이 되었다. 자기를 바꾸는 일은 세상을 바꾸는 일보다 어렵다. 나는 세상에서 가장 어려운 과정을 이겨내고 성장하는 정선 씨를 보며 상담자로서 뿌듯했다. 한편으로는 '나보다 낫다.'는 마음도 들었다.

한계를 인정하는 어른으로 살기

유형과 관계없이 내면의 어린아이가 성장한 사람들은 모두 진짜 어른이 된다. 어른들은 아이들과 달리 현실 속에 살며 현실의 한계를 인정하면서 그 속에서 최선을 다하는 과정적인 사람들이다. 지혜는 이러한 현실의 한계 속에서 생긴다. 할 수 있는 것과 포기할 것을 구별한다. 또한 어른들의 삶은 자신과 현실도 구별한다. 나와 현실, 그리고 다른 사람들은 엄연하게 구별되어 있음을 분명히 인식하고 산다. 내가 현실에서 살고 상황 속에 있지만 이러한 현실이나 상황이 곧 내 존재 자체는 아니라는 사실을 분명히 알고 살아간다.

완벽형의 성인아이는 자신의 실수와 실패를 인정하지 않는다. 실수와 실패라는 결과가 곧 자신이기 때문에 이를 인정하면 자신이 무너져 내린다. 현실과 상황이 내 존재와 구별되어 있지 않기 때문이다. 완벽형의 성인아이가 진짜 어른이 되면 실수와 실패를 인정하지만 자신은 무너지지 않는다. 이들은 할 수 있는 것을 하면서 실수로부터 배워나가는 과정의 삶을 산다.

자신에 대해 이해하고 동생과 새로운 관계 정립을 한 정선 씨는 한결 편안해 보였다. 그에게 기분을 물었다.

"요즘 기분이 어떠세요?"

"사는 게 한결 쉬운 느낌이 들어요. 삶이 왠지 싱겁고 가볍게 느껴지는데요."

"네, 마음이 편해진 사람들은 그렇게들 얘기합니다."

"인생을 다시 사는 기분이 들어요. 왠지 남은 인생이 기대되고 사소한 일도 즐거운 마음으로 할 수 있을 것 같아요. 내가 왜 그렇게 다른 사람들을 신경 쓰고 살았는지 웃음이 나기까지 해요. 이제는 윗분들에게 결재를 받으러 갈 때 그렇게 힘들지 않을 것 같아요."

그러면서 자신에 대해 정리했다.

"나는 새롭게 변화되었다. '진작 이렇게 할걸.' 하는 마음이 든다. 부사장이 내 실수를 지적해도 그것은 수정을 할 사항이지 내가 실패자라는 말은 아니다. 나는 내가 좋다."

세상에는 많은 정선 씨들이 있다. 사정과 형편이 되는 사람은 삶이 힘들 때 상담을 받아보라고 권유하고 싶다. 상황이 안 된다면 정선 씨의 상담 과정을 보면서 자신을 들여다보고 자신의 마음을 이해할 수 있길 기대한다. 정선 씨가 말한 '사는 게 한결 쉬워진 삶', '기대되는 삶', '자신이 좋아지는 삶'을 경험하는 과정 지향적인 사람이 되길 바란다.

03

도취형 성인아이의
성장 스토리

나는 세상의 중심, 모든 일의 주인공

    도취형의 사람들은 자기만족이 타인보다 훨씬 중요한 사람들이다. 상대방이 자신의 비난으로 고통을 당해도 자신이 만족스러우면 그만이다. 이들은 세상이 모두 자기중심으로 돌아가기를 바란다. 자신만이 마치 주인공인 것 같은 기분으로 산다. 모든 일에 주인공이 되려는 마음은 곧 신이 되려는 마음이다. 신은 모든 일을 자신이 원하는 대로 한다. 도취형의 사람들이 화를 잘 내는 이유다. 화는 인간을 신의 자리에 올려놓는다. 화가 난 사람들은 자신의 뜻이 관철될 때까지 상대방을 비난하거나 힘들게 한다. 상대방의 말은 듣지 않는다. 그 관계에서는 오직 자신만 있을 뿐이다.

도취형인 강 씨는 가정에서 아내와 자주 싸운다. 얼마 전 가족과 식당에 갔을 때였다.

"이 집 음식이 아주 맛있어. 분위기도 좋고. 어때?"

"응, 괜찮네."

"괜찮은 정도가 아니지. 나나 되니까 가족들을 매번 이렇게 좋은 데 데리고 다니지, 다른 사람 같으면 어림없어."

그러나 아내와 아이들은 강 씨가 원하는 만큼 맛있다는 리액션을 해주지 않았다. 강 씨는 조금 화가 났다.

"비싼 데 데려와서 호강시켜주면 맛있게 먹고 감사해야지, 반응이 왜 이래?"

"네, 맛있어요. 아빠!"

"나는 음식에 간이 너무 많아서 좀 그러네."

강 씨는 아내의 말에 화가 났다. 자신의 안목이 얼마나 높은데 이 여편네는 그것도 모른다는 생각이 들었다.

"그렇게 꼭 김새는 소리를 해야겠어? 이러니 당신하고 다니면 기분이 상하지. 에잇!"

가족의 외식 자리는 갑자기 썰렁해졌다.

사실 이런 일은 한두 번이 아니었다. 외출했다가 싸우지 않고 돌아온 날이 거의 없었다. 강 씨는 언제나 자신이 가장 좋은 선택을 하니 가족이 자신의 의견을 따르기를 바라고, 그러지 않으면 화를 내거나 아내를 비판하다 결국 싸움을 했다. 아내는 더 이상 참을 수가 없다며 이혼을 요구했고 강 씨는 상담을 받게 되었다.

"교수님, 저는 정말 억울합니다. 저는 아내와 아이들을 사랑해요. 내가 나 혼자 좋자고 그렇게 하느냐고요. 가장 좋은 것을 주는데 그것도 모르고 정말 화가 납니다. 아내는 정말로 저를 이해하지 못해요!"

도취형의 사람들도 완벽형의 사람들과 마찬가지로 지적을 받으면 힘들어한다. 이들은 자신이 성인아이라고 하면 코웃음을 치는 경우가 많다. 강 씨도 그랬다. 화를 내고 부정했다. 오랜 상담 과정을 통해서 그는 마침내 자신이 아이의 마음을 가지고 있음을 인정하게 되었다.

"저는 꿈에도 생각을 못했습니다. 내가 아이라뇨! 정말로 이해가 안 가네요. 그러나 교수님 말씀이 맞는 것 같아요. 제가 화를 내는 이유는 내가 맞다고 생각하기 때문이거든요. 내가 맞으니 나를 중요한 사람으로 봐주고 인정해달라는 거지요."

강 씨는 유능한 사람으로 인정받고 싶은 열망이 큰 사람이었다. 나는 강 씨에게 아내가 어떻게 해주었으면 좋겠는지 물어보았다.

"아내가 저에게 엄마같이 해주었으면 하는 마음이 생길 때 아내에게 화를 내요. 꼬투리를 잡고 트집을 잡아서 아내가 하는 행동에 대해서 불만을 표시해요. 그러면 아내는 내 기대와 달리 나를 싫어하고 미워하죠."

많은 사람들이 상대방의 인정을 받고 싶을 때 인정받고 싶다고 말을 하지 못한다. 그렇게 말을 하면 자신이 모자란 사람 같고 바보 같다는 생각이 들기 때문이다. 그래서 대신 화를 내서 자기에게 맞추도록 조종한다. 외강내유의 어린아이와 같은 마음이 있는 사람들이 도취형의 사람들이다. 이들은 주변 사람들이 자신의 기대대로 맞춰주면 자신이 대단한 인물이 된 것 같은 착각에 빠지곤 하는데, 이는 정확하게 어린아이들의 모습이다.

도취형은 자신이 성인아이임을 인정할 때 큰 혼란을 겪는다. "내가 누구인지 잘 모르겠다.", "나는 내가 아닌 것 같다.", "내 속에 또 다른 내가 들어 있는 것 같다."는 반응을 보인다. 이들이 사용하는 방어를 보면 당연한 결과다. 이들은 분열과 파편의 방어를 사용하면서 상황에 따라, 필요에 따라 전혀 다른 사람처럼 대응한다. 그러다가 성인아이임을 인정하면 자기 안의 여러 모습 중 어느 것이 자신인지 헷갈려 한다. 자신 속에서 여러 목소리를 듣게 되는 것이다.

"저는 이럴 때는 이 모습으로 저럴 때는 저 모습으로 살았어요. 상황마다 제 마음대로 제가 보여주고 싶은 모습을 보여주며 살았죠. 아내가 '당신은 너무 멋대로다.'라고 했는데 그 말이 어떤 의미였는지 이제야 알 것 같아요."

*도취형도 성인아이임을 인정하고 나면 완벽형처럼 자신을 그렇게 키운 부모에 대해 분노한다. 이후 허탈함과 공허감, 무기력과 우울 등의 감정을 겪는다. 유형과 관계없이 공통으로 겪는 과정이다. 그러나 아무리 화를 내도 지나간 어린 시절이 다시 오지 않음을 깨닫고 슬퍼한다. 또 그동안의 노력이나 살아온 세월이 얼마나 어리석었는가를 깨달으면

서 무기력하고 공허하고 슬픈 느낌을 갖게 된다. 강 씨는 자신의 마음 속에 구멍이 뚫린 것 같다는 말도 하고 아무것도 할 수 없을 것 같은 마음이 든다고도 했다.

강 씨는 어느 날 상담 도중에 소리를 질렀다.

"아버지는 무엇이든지 자기 맘대로 했어요. 자기 맘에 들지 않으면 화를 내고 소리를 지르면서 때리기 일쑤였어요. 우리들은 너무 무섭고 두려워서 아무 말도 하지 못했어요. 그때 깊은 절망을 느꼈던 것 같아요. 지금 생각해보면 그때 아버지처럼 되지 않으면 아무것도 할 수 없겠구나 하는 마음을 가졌던 것 같아요."

강 씨는 당시 얼마나 절망적이었고 처절했는지를 말하면서 몸을 부르르 떨기도 하고 움츠러들기도 했다. 성인아이들은 어린 시절에 겪었던 감정을 다시 경험하면서 표현되지 못하고 억압되었던 감정을 드러낸다. 그래야 문제가 풀린다. 감정이 억압에서 풀리면서 감정에 잡혀 있던 과거도 치유되는 것이다.

나는 수많은 내담자들이 이처럼 슬픔과 무기력, 그리고 공허함을 거치면서 새로운 자기를 만들어가는 것을 봐왔다. 강 씨에게도 정선 씨에게 했던 질문을 했다.

"지금 절망스럽기만 한가요? 아니면 다른 감정들도 있나요?"

"속이 시원해요. 이런 이야기를 한 번도 해본 적이 없거든요. 마치 무거운 짐에 눌려 있던 느낌이었는데 이제는 가벼워요. 그래도 여전히 앞은 잘 안 보이네요."

남자의 후반전

속으론 떨면서 겉으로는 센 척

강 씨는 상담을 하는 도중 자주 목소리가 변했다. 어떤 때는 아주 권위적인 목소리로 얘기하다가 어떤 때는 매우 아이 같은 목소리로 얘기를 했다. 권위적인 목소리는 강 씨가 도전을 받거나 피하고 싶은 사실에 직면하면 나왔고, 아이 같은 목소리는 무엇인가를 부탁할 때 나왔다. 나는 강 씨에게 물었다.

"목소리가 갑자기 굵은 저음으로 변했는데, 혹시 알고 있나요?"

"제 목소리가 변했다고요? 아니요, 전혀 몰랐는데요."

"아까 목소리가 굵어졌을 때 기분이 어땠나요?"

그러자 강 씨는 성을 내며 말했다.

"아니, 목소리가 변했는지도 몰랐다고 했는데 또 물으시네요."

강 씨는 도전적이고 방어적인 상태로 대답하고 있었다. 이제 나는 강 씨와 긴 씨름을 해야 한다. 강 씨는 분열된 세상을 살고 있다. 겉으로는 강하고 당찬 사람 같지만 속에는 작고 무서워하는 아이가 있다. 속으로는 떨면서 겉으로는 괜찮은 척, 센 척하는 전형적인 마초 스타일의 남자였다.

나는 일단 강 씨의 마음을 누그러뜨려야 할 필요성을 느끼고 공감을 해주었다.

"그래요. 모른다고 했는데 제가 질문을 또 했지요. 그러면 한번 자신의 마음을 찬찬히 들여다볼까요?"

그리고 길지 않은 침묵의 시간을 가졌다. 강 씨는 내 말을 듣고 마음이 안심되었는지 "죄송해요. 제가 좀 흥분을 했지요?"라면서 겸연쩍어했다.

"그래요, 잘 말해주었네요. 흥분을 했다고 했는데 그 마음을 좀 자세하게 말해줄 수 있어요?"

"저는 평상시에도 자주 흥분해요. 종종 화가 나고 분노가 끓어오르는데, 어떻게 해야 할지 모르겠어요."

"아까 흥분할 때 어떤 마음이었어요?"

"약간 무시당하는 것 같았어요. 분명히 내가 몰랐다고 했는데 내 말을 무시하고 교수님 말만 하는 것 같았어요. 그러면서 불현듯 아버지가 떠올랐어요. 아버지가 늘 그랬거든요. 아버지는 우리들 말은 무시하고 듣지도 않고 그랬어요."

강 씨는 아버지에 대한 분노를 터뜨렸다. 나는 마음껏 분노를 표현하도록 했다. 강 씨는 한참을 화를 내더니 갑자기 아버지가 얼마나 무서웠는지를 얘기하기 시작했다. 근엄하고 권위적인 목소리는 어디로 가고 아이같이 작은 목소리였다.

"아버지가 고함을 지르며 화를 내고 때리려고 손을 치켜드는 걸 볼 때마다 너무 떨리고 무서웠어요."

강 씨는 이 말을 하면서 떨기 시작했다. 마치 어린 시절로 돌아간 듯 퇴행[9]의 시간을 가졌다.

---

[9] 어린 시절의 나이로 돌아가서 하는 행위를 퇴행이라고 한다.

남자의 후반전

"괜찮아요. 괜찮아요. 얼마나 무섭고 떨렸겠어요? 아버지가 그렇게 화를 낼 때 그 어린아이가 무엇을 할 수 있었겠어요. 아무것도 할 수 없지요. 단지 무서워서 벌벌 떨 뿐이에요. 지금 여기에서는 말을 해도 괜찮아요."

나는 강 씨에게 하고 싶은 말이 있으면 다 하라고 했다. 그는 아버지에게 인정받고 싶었던 마음을 털어놓기 시작했다.

"저는 아버지가 너무 큰 사람으로 느껴졌어요. 아버지에게 인정을 받으려면 아버지처럼 하면 되는 줄 알았어요. 그래서 아버지같이 되려고 필사적으로 노력을 했어요. 그런데 사람들은 저를 싫어하는 거예요."

"얼마나 인정을 받고 싶었으면 그랬겠어요. 어린아이들은 다 그래요, 부모의 인정을 받아야 살 수 있거든요."

나는 강 씨의 어린아이를 깊이 안아주었다. 무섭고 떨리는 아이의 마음을 많이 공감해주었다. 그러자 강 씨는 통곡을 하기 시작했다. 아버지 앞에서 힘들고 무서웠던 어린 자신을 보면서 한참을 더 울었다.

"이제 괜찮아요. 아까보다 한결 나아졌어요. 이제는 교수님이 무섭지 않네요. 사실은 처음 상담에 왔을 때부터 무서웠거든요. 교수님이 무슨 말을 할지 몰라서 두려웠어요. 무시당하지 않을까 불편하고 힘들었는데, 이제는 교수님이 아버지가 아니라 교수님처럼 느껴지네요."

방어하지 않고도 괜찮다

▬

강 씨는 분열된 자신을 극복하고 있었다. 분열과 파편의 방어기제
가 만든 어린아이가 성장하면서 어른인 현재의 모습에 통합되고 있었
다. 자기를 방어해야만 만족하고 괜찮을 줄 알았는데 이제 자신의 모습
을 개방해도 만족할 수 있음을 배우고 있다. 강 씨는 참으로 위대한 보
통 남자다. 자신의 어린아이 같은 모습을 드러내고도 괜찮다고 말할 수
있으니 말이다.

도취형의 사람들에겐 '타인과 더불어 사는 세상'이 새로운 세상이다.
이들의 과거 세상에서 타인은 자신의 욕구를 만족시켜주는 대상일 뿐이
다. 더불어 사는 세상, 나누는 세상, 욕구가 채워지지 않아도 괜찮은 세
상으로 나아가는 것이 도취형의 사람들이 성장하는 길이다.

강 씨는 자신의 어린아이가 점차 성장하고 있음을 느꼈다. 자신이
한 행동이 상대방에게 어떻게 영향을 미치고 있는지에 대해서도 새롭
게 인식하기 시작했다.

"교수님, 저는 지금까지 다른 사람들을 좋아한 적이 없어요. 늘 불만
족스러웠거든요. 집에서나 회사에서나 늘 불만이었어요. '나는 잘하는
데 저 사람은 왜 저러나?' 하는 식이었죠. 그런데 이제 생각을 해보니 내
가 너무 내 생각에만 빠져 있었네요."

나는 무척 뿌듯했다. 새로운 세계를 만난 듯, 다시 태어난 듯 보이는
강 씨가 매우 사랑스러웠다. 나는 그에게 아내가 지적한 사항에 관해서

어떻게 생각하는지 물었다.

"지금 생각해보면 아내는 보이거나 느끼는 것을 얘기한 건데 나는 아내가 뭘 몰라서라거나 나를 무시해서라고 생각했어요. 이제는 그게 보이네요. 아내에게 너무 미안한 마음이 들어요."

무서운 아버지와 맞서느라고 주변을 살피지 못했던 강 씨는 이제 다른 사람들이 하는 말을 들으려 한다. 강 씨는 상담이 종반에 접어들면서 놀라운 말을 했다.

"여태껏 몰랐네요. 누군가와 함께 있는 것이 이렇게 좋다는 것을요. 나는 늘 다른 사람들이 내 말을 안 들어서 나를 힘들게 한다고 생각했는데, 지금 생각해보면 참으로 부끄럽네요."

새로운 세상을 누리는 그는 행복해 보였다. 도취형의 성인아이가 어른이 되면 다른 사람들과 어울려 살면서 자신을 양보할 줄 알게 된다.

04

의존형 성인아이의
성장 스토리

혼란스럽게 하는 사람인 의존형의 사람들 중 지배적 의존형의 사람은 다른 사람들이 자신보다 못하다고 생각한다. 이들 마음속에는 '나는 적어도 재보다는 낫다.', '나는 그래도 저 정도는 아니잖아!'라는 생각이 있다. 그렇기 때문에 이들은 자신보다 못한 사람들에게 잘하는 경향이 있다. 그들에게 "형님은 참 좋은 사람이에요.", "형님만 한 사람이 없네요."라는 말을 들으며 기운을 얻는다.

반면 종속적 의존형의 사람은 자신이 의지하는 사람이 대단한 사람이라고 생각하면서 산다. '나는 못났지만 내 남편은 대단한 사람이야!', '나는 별 볼 일이 없지만 그런데도 나를 좋다는 사람들이 많잖아!', '나는 그분이 안 계시면 아무것도 아니야! 꼭 그분에게 붙어 있어야 해!'

라는 마음을 가지고 산다. 마치 아이들이 엄마나 아빠를 자랑하면서 사는 것과 같다.

누군가 옆에 없으면 두렵다

박 씨는 오랫동안 회원으로 활동하다 1년 전 임원으로 선출된 인맥 관리 모임에 갈 때마다 심장이 떨린다. 회의 중에 누군가 자신의 의견에 반대하거나 잘못을 지적할까 봐 조마조마해서다. 평회원일 때는 몰랐는데 임원이 되고 보니 임원 회의가 한 달에 한 번 이상씩 꼭 있었다.

수많은 박 씨들이 회의에서 자신의 의견이 부정당하면 자신이 부정당하는 느낌을 갖는다. 박 씨는 이런 증상 때문에 자기 의견을 제대로 말하지 못했고 늘 말 잘하는 변 씨와 같이 앉곤 했다. 박 씨는 의견을 내기 전에 변 씨에게 먼저 이야기를 했고 그러면 변 씨가 박 씨를 대변해서 말을 했다. 어떤 때는 변 씨가 박 씨의 아이디어를 자신의 것처럼 얘기하기도 했다. 이런 과정이 반복되면서 박 씨는 스트레스를 견디다 못해 상담을 받으러 왔다.

박 씨는 의존을 통해서 자신의 볼품없는 느낌을 방어하고 있었다. 본인이 성인아이이며 다른 사람에게 의존하고 있다는 이야기를 듣자 당황해했다. 그는 눈물을 흘리더니 모임에서 회의할 때마다 얼마나 힘든지 얘기했다.

"제가 회의 때마다 얼마나 힘들었는지 교수님은 상상도 못하실 거예요. 의견을 말할 때마다 비판을 받아서 제가 무너지는 것 같았어요. 그래서 변 씨한테 얘기를 했는데 마치 자기 의견인 양 얘기를 할 때는 정말 억울하고 답답했어요. 그런데 뭐라 말도 못하고……."

박 씨는 종속적 의존을 하는 의존형의 사람이다. 의존형의 사람들은 자신이 성인아이임을 좀 더 쉽게 인정한다. 이미 자신이 스스로 설 수 없는 사람임을 알고 있기 때문이다. 이들은 성인아이임을 인정하면서도 아주 의존적인 모습을 보인다.

박 씨는 자신이 아이임을 인정하면서 이렇게 말했다.

"네, 그래요. 저는 아이라서 말을 잘 못해요. 그래서 나 대신 잘 얘기해줄 수 있는 누군가가 필요해요."

종속적인 의존형의 사람들은 자신이 아이임을 인정할 때 이렇게 얘기한다.

"나는 잘나고 싶었어요. 나보다 더 잘난 사람을 보면 의지할 수밖에 없었어요. 그런 내가 아이 같다는 사실은 잘 알고 있었어요. 내가 이기적이라는 것도요."

박 씨는 상담을 하는 중에 자주 작은 목소리로 아이처럼 말하곤 했다.

"교수님, 저는 누군가에게 의존하지 않으면 너무도 두렵고 무섭습니다. 그래서 잘나가는 사람 곁에 있으려고 노력했어요. 그리고 갈등이 생기면 너무 힘들어요."

의존형인 박 씨는 형이 아버지에게 혼나는 장면을 자주 목격했다. 형

은 아버지에게 대들다가 두들겨 맞았고 집에서 쫓겨나기도 했다. 박 씨
는 아버지가 무서워서 늘 숨어 지내다시피 했다. 아버지가 집에 들어오
면 비위를 맞추기 위해 노력했고 아버지에게 뭔가를 말하고 싶으면 형
을 통해 전달했다.

"제가 대학을 갈 때였어요. 아버지는 경영학과를 가길 원하셨지만
저는 역사를 공부하고 싶었어요. 그런데 말을 할 자신이 없어서 형에게
말을 해달라고 했어요. 형이 얘기를 하자 아버지는 단칼에 안 된다고 잘
랐어요. 형이 설득을 하려고 말을 더 하자 아버지가 형에게 욕을 하며
컵을 던졌어요. 저는 경영학과에 갈 수밖에 없었어요."

박 씨는 이런 이야기를 하며 눈물을 보이다가 아버지에게 화가 난다
는 말을 했다. 왜 아버지가 자신을 이렇게 키웠는지 도대체 이해할 수
없다고 하면서 자신이 이렇게 나약하게 된 데는 아버지의 책임이 크다
고 했다. 그리고 어머니에게도 화가 난다고 했다. 어머니가 너무 무기력
해서 자신을 지켜주지 못했다는 것이다.

마음을 표현할 수 있어야 진짜 어른

의존형의 사람들은 자신의 모자라고 형편없는 모습을 감추기 위해
서 다른 사람들 뒤에 숨는다. 박 씨는 상담 도중 이렇게 말했다.

"교수님, 상담을 받아보니까 너무 좋네요. 교수님은 어떻게 이런 것

을 잘 아세요? 교수님이 말씀하시면 다 맞는 것 같아요."

의존형의 사람들은 자신의 마음에서 일어나는 일에 대해서는 말을 안 하거나 못하면서 상대방에 대한 이야기는 많이 한다. 상담을 받으러 왔으니 자신에 관해 얘기를 해야 함에도 박 씨는 자신이 아닌 나에 대해서 얘기했다.

"그래요? 혹시 어떤 부분이 그렇게 맞는다고 생각하나요?"

내가 물었다.

"다 맞아요. 틀린 말이 하나도 없는 것 같아요."

박 씨는 자신에게 초점이 맞추어져야 한다는 사실을 인식하지 못하고 있는 듯했다. 다시 같은 질문을 했다.

"무엇이 맞는 것 같아요?"

"아니 다 맞는데……."

박 씨는 약간 당황해하면서 말끝을 흐렸다.

"지금 마음이 어떤가요?"

"왠지 내가 잘못하고 있는 것 같아요. 분명 교수님이 원하시는 답이 있을 것 같은데 제가 그 답을 얘기하지 못하고 있잖아요."

나는 박 씨가 자신의 마음이 건강해지는 것보다 나의 의중이나 의도에 더 많은 관심을 두고 있음을 얘기했다. 이 말을 들은 박 씨는 의기소침해하면서 위축되는 듯했다.

"혹시 지금 어떤 마음이 있는지 말해주실 수 있나요?"

"교수님은 저에 대해서 긍정적이지 않으신가 봐요."

"제가 박 씨에게 긍정적이지 않으면 어떠신데요?"

나는 지속적으로 박 씨가 자신의 마음을 말하도록 초점을 맞추었다.

"교수님이 저에 대해서 긍정적이지 않으면 뭔가 잘못된 것 같아요."

나는 칭찬을 해주었다.

"네, 마음을 참 잘 말해주었네요. 그렇게 자기 마음에 대해서 말을 할 수 있잖아요. 혹시 무엇이 잘못되었는지 말해주실래요?"

나는 부드럽게 그리고 따뜻하게 물었다.

"무엇인지는 모르지만 잘못된 것 같은 마음이 들어요."

의존형의 사람들은 자신의 마음에 대해서 막연한 느낌을 갖고 사는 경우가 많다. 무엇이 잘못되었는지 잘 모르면서 이런 느낌 속에서 산다. 그래서 마음의 대화를 시작하면 모호하고 막연하게 말을 한다. 그럴 수밖에 없다. 자신의 마음을 들여다보고 자기 안에 무엇이 있는지를 알아본 적이 없기 때문이다. 자신에 대해서는 말하기 힘들어하고 상대방에 대해 말하면서 산다. 이들의 오래된 삶의 방법을 해체하기 위해서는 자신에게 초점을 맞춰 말하는 훈련이 필요하다. 무엇보다도 자신의 마음을 표현할 수 있어야 마음속의 아이가 어른이 된다.

찌질이 같아 보여도 괜찮다

───

이제 박 씨는 새로운 도전에 직면했다. 다른 누군가에게 붙어서 숨어 있으려고 했던 자신을 돌아보고 이제는 자신의 마음을 드러내고 무엇이 문제라고 여기는지 확인해봐야 한다. 나는 박 씨에게 무엇이 잘못된 것 같은가를 여러 번 물었다.

"뭔가 잘못된 것 같다고 하는데 무엇이 잘못된 것 같은가요?"

"글쎄요. 자꾸 물으시는데 딱히 뭐라 할 말이 없어요. 어렸을 때 아버지는 우리를 좋아하지 않았어요. 엄마도 늘 야단만 쳤어요. 저는 부모님이 우리를 싫어한다고 생각했어요. 그런데 지금 다시 생각을 해보니 이 마음은 어린아이 마음인 것 같아요. 구체적으로 무엇이 잘못된 것은 없는 것 같은데 이 마음이 드네요."

이 말을 하더니 박 씨는 조금은 기운이 나고 자신감이 생기는 듯했다.

아이들은 부모가 서로 다투면 자신들 때문이라고 생각한다. 그래서 부모가 이혼을 하면 다 자신의 책임이라고 여기며 죄책감을 갖는다. 정작 본인이 무엇을 잘못했느냐고 물으면 딱히 대답을 하지 못한다. 그럼에도 불구하고 자신들이 잘못했다고 한다.

마찬가지로 박 씨도 이렇게 어린아이와 같은 마음으로 대답을 하고 있었다. 자신이 무엇을 잘못했는지도 모르면서 무엇인가 자신이 잘못된 것 같은 느낌이 든다고 거듭 말하고 있었다. 나는 이 점을 집중적으로 부각해서 무엇이 잘못되었는지를 말하도록 했다.

"그래요. 지금 곰곰이 생각을 해보니 제가 교수님의 의중을 궁금해한 것은 자동적이었던 것 같아요. 제가 딱히 잘못을 했다기보다는 거의 무의식적으로 그렇게 하는 것 같네요."

이런 과정을 몇 번 거치면서 박 씨는 분명히 알고 이해하기 시작했다. 자신이 뭔가를 잘못해서 잘못했다고 말하기보다는 그런 말을 하면서 상대방에게 붙으려 했던 것임을 알아차렸다. 박 씨는 이제 자신에 대해서 좀 더 알게 되었고 자신감이 생겼다. 모임에 가서도 꼭 변 씨 옆에 앉지 않아도 괜찮을 것 같다고 했다. 더 이상 다른 사람들의 확인을 받거나 인정을 받지 않아도 괜찮을 것 같다고 했다.

의존형의 사람들에게 새로운 세상은 '독립적인 세상'이다. 다른 사람의 눈치를 보지 않고 자신이 원하는 것을 할 수 있는 세상이다. 자신의 내면과 마음에 충실하면서 현실과 조화를 이루면서 살아가는 삶이 이들에게는 새로운 세상이다.

박 씨는 어린 시절에 자신이 무엇을 원했는지 말할 수 있게 되었다. 무섭고 불안했던 그가 원했던 것은 공감과 지지, 칭찬이었다. 그래서 요즘도 가끔 상담을 하면서 공감받고 칭찬받고 싶어서 내게 맞추려 할 때가 있다.

"내 의도를 알면 박 씨에게 어떻게 도움이 되나요?"

"교수님의 의도를 알면 불안하지 않아요. 내가 그 의도에 맞추어서 행동을 할 수 있으니까요."

박 씨가 분명한 어조로 말을 했다.

"맞아요, 잘 말해주었네요. 그러니까 안전하지 않았다는 의미인 것 같네요."

"맞아요. 저는 어렸을 때부터 안전하지 않은 느낌 속에 살았어요. 그래서 나는 강한 사람이 좋았어요. 그 사람들과 같이 있으면 제가 안전할 것 같다고 생각했거든요."

"안전하지 않은 느낌이 무엇인지 더 말해주실래요."

"아버지죠, 언제 어떻게 변할지 모르니까 불안했어요."

"아버지가 변하면 어떻게 되길래 불안했나요?"

"내쳐질 것 같았어요. 그러면 나는 거지가 되잖아요."

갑자기 알게 된 자신의 마음에 설움이 복받친 듯 박 씨는 서럽게 울었다. 그러곤 항변을 하듯 얘기했다.

"이제는 아무도 나를 버릴 수 없어요. 나는 이제 어른이잖아요."

박 씨는 점점 성장하고 있다. 사람이 반항기를 거치면서 독립적인 삶을 살아가듯 박 씨도 반발하고 반항하는 시간들을 거치면서 한 사람의 독립된 인간으로 성장 중이다. 얼마나 위대한 일인가! 마음의 어려움을 극복하고 독자적인 인생을 살아가는 수많은 박 씨들은 얼마나 대단한가!

의존형의 성인아이가 어른이 되면 다른 사람들이 없어도 괜찮다. 혼자서도 뭐든 할 수 있고 필요할 때는 다른 사람들과 함께 지내는 삶을 살게 된다.

"이제는 홀가분해요. 항상 누군가 옆에 있지 않으면 불안해서 견딜 수가 없었는데 지금은 그렇지 않아요. 혼자라서 찌질이 같아 보여도 괜찮아요. 찌질이면 또 어떤가요?"

그는 빙그레 웃었다.

어른은 자신이 가진 것을 소중히 여긴다. 박 씨는 더 이상 남들 눈에 자신이 어떻게 보이는지 전전긍긍하지 않고 본인이 스스로를 어떻게 여기는지를 더 중요하게 생각하게 되었다. 남들 눈에 찌질이 같아도 자신을 소중히 여길 줄 알게 된 것이다.

5부

파워를 넘어
관용과 자유로

01

중년기에는
중년기의 숙제가 있다

자녀가 정말 원하는 일은 지원해준다

앞에서는 중년기를 어렵게 만드는 이전의 발달과업, 즉 숙제에 대해서 이야기를 했다. 중년기는 인생 전체로 볼 때 이러한 숙제를 할 수 있는 마지막 기회다. 아울러 중년기에는 중년기 자체의 발달과제도 있다. 중년기는 다음 세대를 돌보는 헌신이 필요한 시기다. 어떻게 하면 잘 나눠주고 돌볼 수 있는지 배우는 때다. 이 과제를 잘 수행하면 자녀^{다음 세대}와 친밀감을 형성하며 자신을 성장시킬 수 있고, 노년기에 자아 통합을 이루고 지혜롭게 살 수 있다. 노년은 신체적으로나 사회적으로 여러 가지 기능이 쇠퇴하고 없어지는 시기다. 그래서 지혜로운 마음이나 넉넉한 마음이 없으면 아주 어렵고 힘들다. 아름다운 노년을 맞이하려면 중년기의 과제인 나눔과 돌봄을 잘 실천해서 자녀 세대와 아름다운 관계를 만들어야 한다.

　지인 중 한 명은 큰딸이 대학 졸업 후 스튜어디스 시험 준비를 하겠다고 해서 고민을 했다. 대학에 입학할 때도 재수를 했는데 취업 때도 재수를 하겠다고 하니 영 마뜩지 않았다. 게다가 딸의 외모나 성격이 스튜어디스와 잘 맞지 않는 것 같아 보였다. 어느 날 딸이 장문의 편지를 써 왔다. 요지는 '스튜어디스는 내가 꼭 해보고 싶은 일이다. 한 번 밀어줬으면 좋겠다.'는 것이었다. 지인은 눈 딱 감고 1년간 학원비며 용돈을 대주고 가끔 승용차로 학원에 태워다주기도 했다. 딸은 아쉽게도 2차 시험에서 떨어졌고, 다른 곳에 취업을 했다. 지인은 "요즘 가족이 외식을 하러 가면 그 딸이 항상 밥값을 내요. 내 용돈도 주고요." 하며 흐뭇해했다. "그때 그렇게 하지 않았으면 평생 '아빠 때문에 하고 싶은 것을 못했다.'고 원망을 들었을 것 같아요. 학원비하고 용돈 해봐야 크게 돈이 든 것도 아니고 무엇보다 하고 싶은 것을 하게 해줘서 찜찜한 게 없죠."라고 했다.

　그렇다. 자식이 하고 싶은 것을 못하게 말리면 평생 원망을 듣는다. 아는 분 중에 서울대 시험을 봤다가 떨어진 사람이 있다. 아버지한테 한 번만 밀어달라고 해서 재수를 했다. 근데 또 떨어졌다. 다시 도전하고 싶었지만 아버지가 반대하는 바람에 후기 대학의 좋은 과에 진학을 했다. 그분은 대학을 졸업하고 회사 임원까지 하며 잘 살았다. 그런데 이 사람이 퇴직 후 기어코 서울대 대학원에 진학했다. 대학원에서 박사까지 마치고 지금은 또다시 활발하게 활동을 하고 있다. 남부러울 것 없이 산 이 사람이 60세가 넘어서 아직도 그때 얘길 한다. "그때 아버지가 한번만 더 밀어줬으면 내가 서울대에 갈 수 있었다. 아버지가 안 밀어줘서 못 갔다." 지금도 아버지 원망을 한다. 자식이 자기의 길을 찾고 지원을 요청할 때는 경제적으로 필요한 돈도 주고 심리적 지원을 해줘야 한다. 그게 바로 중년기에 해야 할 숙제다.

도와주되 보상을 바라서는 안 돼

부모가 중년일 때 자녀는 대개 고등학생이거나 대학생이다. 이 시기의 자녀들은 돈이 떨어질 때나 심각한 위기에 처해 있을 때를 빼놓고는 부모를 찾지 않는 경향이 있다. 자녀가 재미있고 좋은 일은 저 혼자만 하고 돈 달라고 할 때를 빼놓고는 부모는 나 몰라라 하는 행동에 대해 섭섭해하는 부모들이 있다. 젊은 사람들의 이런 식의 행동은 우리나라뿐만 아니라 세계적으로도 보편적이다.

내담자 장 씨는 아들과의 문제로 나를 찾아왔다. 아들은 대학생이 되면서 집을 떠나 학교 근처에서 살고 있다. 아들은 평상시에는 아버지에게 전화도 하지 않고 집에 잘 오지도 않는다. 그런데 돈이 떨어지거나 학교에서 문제가 생기면 찾아와서 도움을 요청한다. 아들에게 돈을 주면서도 장 씨는 섭섭하고 때로는 괘씸한 마음이 든다고 했다. 나는 장 씨에게 물었다.

"아들에게 섭섭함을 느끼거나 괘씸하다는 생각이 들 때 마음이 어떠신가요?"

"저는요. 아이들을 잘 키우기 위해서 먹고 싶은 것, 하고 싶은 것을 하지 않고 살았거든요. 그렇게 뒷바라지를 해주면 아이들이 커서는 부모 마음도 알아주고 고생한 것도 고마워할 줄 알았어요. 그런데 안 그러네요. 때로는 이런 자식을 도와주면 뭐하나 싶고 다 소용없는 짓 같아서 우울해집니다. 내가 인생을 잘못 살았나 싶어요."

자신을 희생하면서 자식을 키운 중년 남성들은 자녀가 부모를 나 몰라라 하면 참으로 허망한 느낌을 갖는다. 그러나 장 씨는 알아야 한다. 내 자녀뿐 아니라 다른 사람들의 자녀들도 그렇다는 사실을. 부모 세대는 이런 자녀 세대를 도와주되 보상을 바라지 말아야 한다. 이런 마음으로 자신을 성장시키지 않으면 중년기 위기를 겪을 수 있다.

중년기에 중년기 과제를 제대로 수행하지 못하는 사람들은 스스로 정체(停滯)되는 느낌을 갖게 된다. 그래서 자녀들을 이용하여 그 느낌을 해결하려고 한다. 대표적인 예가 자신이 못다 이룬 것을 자녀들을 통해서 이루려고 자녀들을 가혹하게 몰아붙이는 경우다. 그 과정에서 자녀들을 졸졸졸 따라다니거나 끊임없이 간섭하며 자녀들을 힘들게 만든다. 외형적으로 볼 때는 부모와 자녀가 늘 같이 다녀 친밀한 사이 같다. 하지만 내면적으로는 서로 위기의식과 불안, 두려움과 짜증을 느낀다. 배우자와의 관계에서도 이런 일이 반복된다. 배우자를 자신이 원하는 방식대로 조종하려고 하거나 지배하여 자신을 과시하고 싶어 한다. 이렇게 되면 두 사람이 같이 다니기 때문에 친한 관계처럼 보이지만, 정작 내적으로는 갈등도 많고 서로에 대한 미움도 증가한다. 이런 식의 관계를 가짜 친밀성이라고 하는데 이런 관계는 대체로 착취적이다. 부모와 자녀 사이에 일어나면 자녀들이 심리적 착취를 당하게 되고, 부부 사이에서는 배우자를 심리적으로 착취하는 일이 벌어진다.

성공한 아버지를 둔 전문직 남성이 찾아왔다. 그도 성공한 사람이다. 그의 아버지는 자녀들을 불러서 식사를 하곤 하는데, 식사 시간 내내 아버지가 얼마나 잘 살아왔는지, 가족들이 함께 식사하는 시간이 얼마나 중요한지에 대한 일장 연설뿐이다. 그는 아버지에 대한 반감이 많았다. 아버지는 본인의 얘기만 하고 다른 가족이 말하는 것은 들으려고 하지 않는다. 혹여 아버지의 행동에 대해 지적을 하거나 모순점을 말하면 몹시 화를 낸다. 그는 이런 모임에 가고 싶지 않지만 아버지의 권위에 눌려 어쩔 수 없이 가곤 한다며 몹시 우울해했다. 정체된 부모의 가짜 친밀감은 자녀의 마음을 우울하게 한다.

채우기에서 비우기로 방향 전환

다음 세대인 자녀들을 돌보고 자신의 것을 나누어주기 위해서 중년기에 배워야 할 또 하나의 덕목은 비우기다. 그동안 많은 것을 '채우기 위해' 노력해온 인생의 방향을 돌려야 할 때다.

다른 사람들을 돌보기 위해서 꼭 필요한 것은 마음의 여유다. 컴퓨터 하드를 프로그램으로 가득 채우면 컴퓨터는 더 이상 작동하지 않는다. 사람도 마찬가지다. 자신의 생각, 꿈, 그리고 앞으로 미래에 되고 싶은 것 등으로 가득 차 있는 사람들에겐 다른 사람들을 마음에 넣고 생각할 수 있는 공간이 없다.

비움은 불필요하다고 생각되는 것들을 마음에서 버리는 행위다. 성공을 위해서 쉼 없이 달려온 나의 생각을 잠시 내려놓을 필요가 있다. '무엇을 위한 성공인가? 성공을 통해서 나는 무엇을 이루고 싶은가? 내 곁에는 누가 있는가? 그 사람들과 나는 어떤 관련이 있는가?'라는 질문을 통해서 나를 돌아보는 시간이 절대적으로 필요하다. 이러한 질문을 하지 않으면 그동안의 삶에서 내가 지켜야 할 것과 버려야 할 것을 구별하지 못하게 된다. 이는 마치 컴퓨터 하드에 조금이라도 필요할 것 같은 프로그램이나 항목들을 모두 저장해놓은 것과 같다.

이제는 내 컴퓨터를 다시 보면서 불필요한 것들을 지워나가는 행동이 필요하다. 생각되는 것들과 그렇지 않은 것들을 구별하는 행위가 필요하다. 가지고 채우는 것에서 나누고 비우는 것으로 방향을 전환하려면 이런 마음의 구조조정이 필요하다.

"가장 중요한 것은 눈에 보이지 않는다"

중년기까지의 삶은 일 지향적, 타인 지향적, 사건 지향적이었다. 전부 다 '눈에 보이는 것들'이다. 이제는 눈에 보이지 않는 것 중심으로 관점을 돌려야 한다. 눈에 보이지 않는 것들은 언제나 눈에 보이는 것들의 근원이다. 풀과 나무는 뿌리로 지탱되는데 뿌리는 땅 밑에 있어서 눈에 보이지 않는다. 만약에 근원을 알아보기 위해서 뿌리를 파헤치면 풀과 나무는 죽는다. 마찬가지로 인간의 근원은 신념인데, 이 신념은 풀과 나무의 뿌리처럼 눈에 보이지 않는다. 신념이란 믿음이다. 형체도 없고 일정한 틀도 없는 신기루 같은 것이지만 인간의 마음에 신념이 없으면 인간은 뿌리 없는 풀이나 나무와 같다. 근원은 항상 눈에 보이지 않고 손에 잡히지 않는다. 눈에 안 보이는 근원, 근본, 기초 이런 것들 위에 새로운 의미를 정립해야 한다.

생텍쥐페리의 『어린 왕자』에서 여우는 어린 왕자에게 이렇게 말한다.

> 가장 중요한 것은 눈에 보이지 않는단다.
> 네 장미꽃을 그렇게 소중하게 만든 것은,
> 그 꽃을 위해 네가 소비한 시간이란다.

파워 소스를 신체적인 힘이나 지위 등 외적인 것에 둔 사람들은 중년기가 되면 위기를 느낀다. 결국 파워 소스를 없어지지 않는 것에 둬야 하는데, 이것이 쉽지가 않다. 한 번 시선이 외부로 향한 사람은 내부로 돌리기가 아주 어렵다. 낯설어서 이런 얘기가 잘 들리지도 않고 대화도 안 된다.

그래도 이제 사고방식을 돌려서 사람의 중요성을 깨달아야 한다. 눈에 보이는 것 중심, 업적 중심의 삶에서 사람 중심으로 관점을 바꾸어야 한다. '한 생명이 천하보다 귀하다.'는 시각을 가져야 된다. 어차피 중년이 지나고 노년으로 갈수록 주변에 사람이 없으면 살 수가 없다. 더 이상 일도 안 되고 신체적 능력도 떨어지고 사회적으로 위치가 있는 것도 아니고 결국은 사람밖에 안 남는다. 그동안 소홀히 생각했던 주변 사람들하고의 관계 정립을 새롭게 해야 한다. 새로운 관계는 '이 사람들을 어떻게 하면 이롭게 해주느냐.'의 관점에서 정립되어야 한다.

이롭게 하는 삶은 도움을 주면서 사는 삶이다. 중년기 삶의 과제가 관용인데, 관용의 삶은 자녀 세대를 돕는 삶이다. 자녀들을 도와주기 위해서는 부모의 경제적 능력도 필요하고, 지금까지 살아온 삶의 노하우인 지혜도 필요하다. 중년의 삶은 가진 것이 많다. 연륜과 경륜으로 인해서 생긴 많은 것들을 이제는 다른 사람들을 돕는 방식으로 풀어놓아야 한다. 이러한 방식들 중 하나가 기부다. 경제력이 있는 사람은 돈을 기부하여 가난한 사람들을 돕고, 지식이 있는 사람들은 가르쳐서 젊은이들을 돕고, 시간이 있는 사람들은 봉사를 통해서 다른 사람들을 도와야 한다. 이러한 방식의 삶이 곧 다른 사람들을 이롭게 하는 방식의 삶이다.

남자의 후반전

02

노화에
대처하는 자세

'나도 늙는구나' 마음으로 받아들인다

———

나이는 40~50대인데 얼굴은 20~30대 같은 여성들이 있다. 60대에 단단한 근육질의 몸매를 자랑하는 남성들도 많다. 너도나도 몸짱 대열에 합류하며 사회가 노화를 거스르는^{against} 쪽으로 가고 있다. 운동과 식이요법 이외에 다양한 의료 시술도 행해진다. 이는 우리나라만의 현상은 아니다. 전 인류가 신체에 관한 한은 20~30대의 젊은이 중심으로 돌아가고 있다.

동안 열풍, 몸짱 열풍에 편승해 노화되는 느낌에서 벗어나고자 하는 사람들이 부지기수다. 그렇다면 언제까지 이렇게 동안과 멋진 몸매를 유지할 수 있을까? 나중에는 분명 더 이상 노화를 거스를 수 없는 시점이 온다. 그때가 되면 매우 심각한 심리적 어려움을 겪게 된다. 중년기 때는 머리숱도 피부 탄력도 서서히 없어져가는데, 그것을 완전히 막고 있다가 더 이상 그렇게 할 수 없는 시점에서는 한꺼번에 없어진 내 모습에 직면하기 때문이다. 이때 사람들이 절망스러워한다. 마음의 준비가 안 돼 있기 때문이다.

절망의 나락으로 떨어지지 않으려면 자신을 다시 한 번 살펴봐야 한다. 길은 딱 하나밖에 없다. '아! 나도 이제 늙어가는구나!', '기능이 없어져가는구나!', '이제 몸으로 승부할 때는 지났구나!'를 인정하는 마음이 중요하다. 이것을 받아들이는 훈련을 해야 한다. '앞으로 침침해지는 눈과 더불어 어떻게 살 건가? 눈가와 입가에 깊어지는 주름살과 축 처지는 피부와 더불어 어떻게 살 것인가? 작아지는 키와 더불어 어떻게 살 건가?'를 생각하며 수용하는 연습을 해야 한다. 나이를 먹으면 척추가 자꾸 붙어서 키가 작아진다. 나도 키가 점점 더 작아지고 있다. 안 그래도 작은데 더 줄어들어서 어느 날인가부터 키높이구두를 신고 싶은 마음이 생겼다. 그런데 나는 이런 마음을 경계한다. '아니야! 이게 나야, 지금의 내가 나야. 지금의 모습이 내 모습이야.' 하며 마음을 다스리고 수용하려고 한다. 그런데 TV를 보다 보면 왠지 나도 젊은 사람들처럼 보디빌딩을 해야 될 것 같은 마음이 든다. 그래서 가끔 팔굽혀펴기를 30~40개씩 한다. 노화를 수용하는 일, 쉽지 않다.

몸과 마음의 나이를 일치시킨다

신체적 기능이 저하될 때 노화로 인한 상실을 수용하면서 동시에 자신의 한계에 대해 생각해보면 지혜가 생긴다. 예를 들어 예전엔 일을 몰아두었다가 밤을 새우며 한 번에 처리했다면 이제는 매일 조금씩 분산해서 하는 것이다. 이에 따라 다른 스케줄도 미리미리 조정하게 된다. 기능이 없어진다는 것은 한계에 부딪힌다는 뜻이다. 한계는 지혜와 밀접한 관계가 있다. 사람이 한계에 부딪히면 생각을 하게 된다. '어떻게 해야 하지?What should I do?', '무엇을 할 수 있지?What can I do?'라는 생각을 하게 된다. 이 생각 자체가 지혜로 가는 길이다.

어려움을 겪는 사람들 중에는 그 한계를 인정하지 못하는 사람들이 있다. 여전히 힘 좋고 혈기 왕성할 때를 떠올리며 자꾸 그때로 돌아가려고 한다. 그렇지만 그곳은 다시는 갈 수 없는 곳이다. 중년기에 성숙으로 가려면 한계에 부딪힐 때, 기능이 상실될 때 한계를 인정하고 지혜를 발휘해야 한다. 주변에 도움을 구해야 한다. 내가 젊었을 때 어머니는 눈이 안 보인다며 종종 바늘에 실을 끼워달라고 하셨다. 나는 아들에게 내가 필요한 자료의 서베이를 부탁한다. 아들이 데이터를 쫙 뽑아서 가져오면 나는 '이건 되겠다, 저건 안 되겠다' 같은 판단을 한다. 중년의 삶은 아랫사람을 돌보고 이들을 활용하면 된다. 중년은 자원이 없는 청년을 돕고 청년은 자신이 가진 것으로 중년을 돕는 것, 이것이 세대 간의 화합이다.

노화를 수용하는 첫 단계는 인식이다. 얼굴도 몸매도 성적인 기능도 전과 같지 않음을 인식하는 것이다. 거울을 보며 '쯧, 이제 나도 늙는구나!' 받아들이는 것이다. 노화를 수용하지 않는 사람들은 자신이 전과 같다고 생각한다. '나이는 먹었지만 여전히 괜찮지? 멋있지?'라고 하고 싶어 한다. '내가 전과 같지 않다.'는 이 인식이 참 어렵다.

내가 달라졌음을 알게 되면 내 속에서 저항이 생긴다. 그러면 그 저항이 무슨 저항인지를 들여다봐야 한다. 분석을 해봐야 한다. 그러면 앞에서 언급한 내용들이 나온다. 젊은이 중심의 삶, 활기차고 건강한 삶, 팽팽한 피부와 건장한 몸매, 모든 것을 할 수 있을 것 같은 생각 등이 있다. 그러나 이러한 생각이나 젊은이 중심의 삶은 이제 더 이상 내 것이 아님을 받아들여야 한다.

내가 전과 같지 않음을 수용한 뒤 다음 단계로는 내가 어떤 마음으로 살고 있는지를 분석해야 한다. 곰곰이 들여다보면 '젊었을 때로 돌아가고 싶다.', '마음은 여전히 젊은이다.'라는 마음일 것이다. 이러면 몸과 마음 사이에 분열이 생긴다. 마음 따로 몸 따로. 수많은 사람들이 중년이 되면 분열된 삶을 산다. 그렇게 살면 마음이 힘들어진다. 그러니까 몸과 마음을 일치시켜야 한다. '내 마음이 20~30대로 가고 싶구나. 그때처럼 원기 왕성하게 살고 싶은 마음이 내 안에 여전히 있구나. 그런데 나는 40대50대지. 그때처럼 살 수는 없는 거지.'라고 나를 달래며 마음을 재조정해야 한다. 나이에 내 마음을 맞추다 보면 슬퍼진다. 상실감을 느낄 수밖에 없다. 있던 것이 없어지면 상실감이 생기는 것이 당연하다.

이런 상실감 때문에 남자들이 속으로 운다.

상실감을 극복하기 위해서는 언제나 대화가 필요한데, 남자들은 대화 대신 몸으로 상실감을 극복해보려고 한다. 중년기엔 남자들도 앉아서 대화하는 훈련을 해야 한다. 남자들에게도 수다가 필요하다. 수다를 안 떠니까 술 마시고 난장판을 만든다. 술만 마시면 계속 말하는 남자들이 있다. 이걸 주사라고 하는데 사실 이건 주사가 아니다. 평상시에 할 말을 못하니까 술을 마시고서 하는 행동이다.

노화를 수용하려면 이렇게 첫째, 이전 같지 않은 나를 인식하고 둘째, 내 마음을 분석해서 몸과 마음의 나이를 일치시키고 셋째, 상실감 극복을 위한 대화를 해야 한다. 그러나 우리 사회는 이런 문화가 형성돼 있지 않다. 젊게 사는 삶을 더 가치 있게 여긴다. 그래서 더욱 힘들다. 지혜롭게 살기 위해서는 이 세대의 흐름에 따라 살지 말고 영원한 것에 뿌리를 내리는 마음이 중요하다.

나이가 들어서 좋은 점

━━━

나는 어릴 때 빨리 어른이 되고 싶었다. 어머니가 하도 잔소리를 해서 얼른 어른이 되어 그 잔소리로부터 벗어나야겠다고 생각했다. 어른이 돼서 내가 원하는 대로 자유롭게 살고 싶었다. 그래서 청소년기 변화를 겪을 때도 좋았다. '나 인제 어른 된다.'는 생각에 여드름이 생겨도 감수할 수 있었다. 꿈이 있는 사람들은 변화가 싫지 않다. 중요한 주제다.

그래서 중년기에도 꿈이 있어야 한다. 꿈을 다른 말로 표현하면 소망이다. 눈이 침침해지고 흰머리가 생기고 기능이 점점 없어져가면서 나는 점점 '아무것도 아닌 것^{nothing}'으로 간다. 죽음 이후가 끝이라고 생각하면 그 지점에서 소망이 끊긴다. 실존주의 철학자들은 이것을 절망이라고 부른다.

죽음 이후의 꿈이 없는 사람들이 많다. 중년기는 시간이 의식되는 시기라고 했다. 탄생부터 시작된 내 인생의 시간선$^{時間線 \cdot time\ line}$이 죽음에서 끊어진다. 그 이후에 대한 꿈이 있어야 한다. 이러한 꿈 중의 하나가 영원히 살기다. 나는 이 땅에서 죽음으로써 삶이 끝나지만 자녀 세대가 내가 가진 꿈을 이어받으면 나는 죽어도 죽지 않는 사람이 된다. 단속적 영원성[10]을 갖게 되는 것이다. 이렇게 함으로써 우리는 죽어도 죽지 않는 삶을 살 수 있다. 즉, 죽음 이후에도 우리의 존재가 가능해진다.

내담자 중에 꿈을 이룬 곳에서 절망을 맛본 사람이 있었다. 이 사람 꿈이 뭐였는가 하면 대학 다닐 때는 대학 졸업하기, 대학 졸업할 때는 취업하기, 취업 후에는 결혼하기였다. 결혼 후에는 집 사기가 꿈이었다. 나에게 상담을 받을 시점에는 그런 식으로 원하는 꿈을 다 이룬 후였다. 다 이루고 나서 그다음 꿈이 없는 상태로 나를 찾아왔다. 더 이상 꿈을 꿀 수 없었기 때문에 바로 그곳에서 절망했다.

예를 들어 부자가 되고 싶다. 열심히 일해서 부자가 됐다. 그 뒤에는?

---

10 단속적 영원성이란 끊어지면서 이어지는 삶을 말한다. 신은 지속적 영원성을 가지고 있지만 인간은 단속적 영원성을 가지고 있다.

꿈을 이룬 사람들은 그 꿈이 이루어지면 허무해진다. 그래서 어떤 종류의 꿈을 꾸느냐에 따라서 내 소망과 희망이 지속되느냐 끝이 나느냐가 갈린다. 꿈을 눈에 보이는 것이 아닌 영원한 것에 두어야 영원한 소망을 가지고 살 수 있다.

한 세대뿐만 아니라 여러 세대를 넘기는 기업에는 철학이 있다. 매출 얼마를 하겠다, 세계 1위 기업이 되겠다는 눈에 보이는 소망이 아니다. '어디든 자유롭게 가게 해주겠다.'는 철학으로 탄생한 포드는 100년이 넘게 운영되고 있다. 중국의 전자상거래 업체인 알리바바의 사장이 국내 한 방송에서 연설하는 것을 보았는데, 그가 가졌던 삶의 목표는 '사람들이 불편해하는 것을 해결해주기'였다. 그는 "여러분들도 사람들이 불편해하는 걸 해결해주기만 하면 성공은 따 놓은 당상입니다."라고 얘기했다. 뭔가 큰일을 이룬 사람들은 대부분 눈에 안 보이는 철학을 가지고 있다. 이런 철학 위에 세워진 소망이 나이 들어감을 받아들이게 하는 힘이 된다.

그동안 인류는 20~30대의 젊음과 남성 중심의 문화 속에서 살았다. 우리는 젊음만도 아니고 남성 중심만도 아닌 전인성^{全人性}을 회복해야 한다. 에릭 에릭슨은 7단계의 발달단계를 잘 거친 사람은 노년기에 자아통합_{ego integrity}을 이루며 산다고 했다. 그가 얘기한 통합은 전인적 인격이라는 뜻이다. 한쪽의 힘으로만 살던 데서 온전해지는 쪽으로 가는 삶이다. 젊었을 때는 남성호르몬인 테스토스테론이 많아서 남성성으로 살았다. 중년에는 테스토스테론이 적어지면서 여성호르몬 에스트로겐과의 균형이 잡혀 내 안에 남성성, 여성성이 골고루 나타난다. 젊은이의 시각에서 보면 상실이지만, 전인적인 측면에서 보면 호르몬의 균형이 맞춰진다고 볼 수도 있다. 호르몬뿐 아니라 지능 차원에서도 같은 관점으로 볼 수 있다. 젊었을 때는 창조 지능 creative intelligence이 높지만 어른이 되면 결정 지능 crystallized intelligence이 높아진다. 결정 지능은 조직하는 능력이다. 나이가 들면 들수록 전체 조직을 보는 눈은 커진다. 젊음과 남성 중심의 문화에서 중년기는 노화고 상실이지만 전인격적인 차원에서 본다면 '균형 잡힌 인간'이 되어가는 과정이기도 하다. '영원히 존재하기'가 죽음 이후를 대비하는 꿈이라면, 사는 동안 꾸어봄 직한 꿈은 '균형이 잡힌 전인적인 인간'이다.

03

하프타임의
제2의 직업을 찾는 방법

'젊은이들처럼 뛰지 못한다'는 전제

━━

수명이 길어지면서 중년 남성의 심리와 경제 활동이 이슈가 되고 있다. 주로 "하프타임, 다시 시작할 수 있다."는 얘기다. "100세 시대에 50년 살았으니 50년 남았다. 그러니까 인생 다시 시작할 수 있다.", "다시 해도 성공할 수 있다."라고 많은 사람들이 외치고 있다. 그러나 이는 인간의 발달단계를 거스르는 발상이다. 일단 체력이 안 따라준다. 젊을 때처럼 열정적으로 하기 어렵다. 내가 우리 아들을 보며 그런 것을 느낀다. 아들은 29세인데, 얘는 몇 시간씩 어떨 땐 며칠씩 컴퓨터 앞에 앉아서 작업을 한다. 자료 하나 조사해보라고 하면 그렇게 리서치를 많이 한다. 나도 옛날에는 그렇게 했다. 하지만 지금은 못한다. 좀 하다 보면 눈이 충혈되고 그러면 좀 쉬어줘야 한다. 가서 누워야 된다. 아들을 보면 청년 시절의 내 모습을 보는 것 같아 흐뭇하기도 하지만 한편으로는 '내가 이제는 옛날 같지 않구나.', '나이가 먹었구나.'라는 생각도 든다.

그래서 퇴직이나 은퇴 후 새롭게 일을 시작할 때는 '할 수 없는 것들'에 베이스를 쳐야 한다. 예를 들어 내가 할 수 없는 것은 먼저 '젊은이들처럼 뛰지는 못한다.'라는 사실이다. 이것을 전제하고 일을 시작해야 한다. 젊은 시절처럼 생각하고 빡빡하게 일을 하다간 쓰러지거나 병이 난다. 그리고 '이제 이전처럼 돈을 벌지 못한다.'는 전제가 필요하다. 아쉽지만 그것이 현실이다. 대부분의 직장인은 은퇴나 퇴직하기 직전의 소득이 평생 소득 중 가장 많다. 따라서 퇴직이나 은퇴 후에는 그런 수준의 돈을 다시 벌기 어렵다. 따라서 예상 소득을 줄이고 이에 맞춰 생활 규모도 조절해가야 한다.

일단 이렇게 베이스를 안 되는 것으로 깔아두고 거기서 내가 할 수 있는 것이 무엇인가를 찾아야 한다. 완전히 새로운 것을 찾는 것은 어렵다. 내가 그동안 해오던 것을 활용하고 통합하는 쪽으로 가야 한다. 자신의 삶을 리뷰해보고 자신이 잘하는 것, 익숙한 것에 새로운 것을 붙이거나, 이미 가지고 있는 것들을 결합해서 해보는 것이 좋다.

나 같은 경우는 수학도 하고 상담도 했다. 퇴직을 하고 상담은 더 이상 지겨워서 그만하고 싶다는 생각이 든다면, 수학 학원을 차릴 수 있을 것 같다. 학생 수로 경쟁력을 삼으려면 일하는 시간도 길어져야 하는데, 나는 그렇게 할 수가 없다. 수학을 가르치되 그동안 내가 해온 상담을 접목하면 기존 수학 학원과는 차별화 할 수 있을 것이다. 먼저 학생을 한 명씩 상담해서 제일 어려워하는 부분이 무엇인지 파악한다. 그래서 잘하는 부분은 놔두고 못하는 부분을 집중적으로 가르친다. 못하는 부분을 가르치는 만큼, 심리적으로 격려해주고 북돋아주고 박수를 쳐준다면 학습력도 향상될 것이라 믿는다. 학생도 좋고 부모도 좋아하는 수학 학원이 될 수 있으리라고 생각한다.

새로 시작하기보다 있는 것에 통합하기

하프타임의 새로운 삶을 위해 전혀 새로운 분야를 공부하는 사람들이 있다. 상담, 코치, 경영 컨설팅 분야가 중년들이 많이 진입하는 분야다. 자신이 일하던 영역의 노하우와 이들 영역을 결합하면 어렵지 않게 새로운 일을 시작할 수 있다고 생각해서다. 그런데 전문 영역은 일찍 시작하지 않으면 어렵다.

내 분야인 상담을 예로 든다면, 이 분야는 아주 많이 전문적이다. 사람을 이해하는 일은 이론적으로도 어렵지만 임상적으로도 매우 어렵다. 공부도 많이 해야 하고 수많은 임상 실습도 필요하다. 내담자들은 많은 경우에 자신도 모르게 또는 의식적으로 자신을 방어하기도 하고 상대방을 속이기도 한다. 특히 생존 주제를 가지고 오는 내담자들은 이러한 속임에 아주 능하다. 앞에서도 살펴보았듯이 자신이 커지고 싶어서 회피나 파편, 혼란의 방어를 쓰기도 하고 완벽형, 의존형, 도취형의 방법들을 사용하기도 한다. 오랜 기간의 임상을 하지 않으면 이런 방어 방식을 제대로 찾아내기 어려워 내담자들이 파놓은 함정에 자주 빠지곤 한다. 나는 젊은 상담자들, 그리고 수련 상담자들에게 슈퍼비전^{supervision}[11]을 하면서 이런 부분에 대해 자주 이야기하곤 한다. 이런 전문 분야는 일찍 시작해서 꾸준히 오랫동안 하는 사람이 잘하게 돼 있다. 나도 지금처럼 상담을 하는 데 30여 년이 걸렸다.

대부분의 전문 영역은 일찍 시작해야 한다. 두각을 나타내려면 하드 워킹을 해야 하기 때문이다. 늦게 시작하면 많은 시간과 에너지, 비용을 들여 공부를 하고도 투입 대비 효과가 낮을 확률이 높다. 물론 예외는 있을 수 있다.

그럼 늦게 진입한 사람들은 무엇을 해야 하나? 답은 '통합적 삶'에 있다. 이것이 중요한 원리다. 나이가 들어서 상담 공부를 하는 사람들은 '내가 프로페셔널 상담가가 되겠다.'는 생각보다는 오히려 상담을 통해서 '내 삶을 한번 리뷰를 해보겠다.'는 생각이 필요하다. 늦게 진입한 사람들은 상담 전문가가 되어 많은 돈을 벌기는 어렵다. 너무 늦었다. 40대에 공부를 시작해서 석·박사를 하고 수련생활을 해서 60세에 전문

---

[11] 수련 상담자가 전문 상담자로부터 자신이 상담한 내용을 지도받는 활동을 슈퍼비전이라고 한다. 수련 상담자들은 슈퍼비전을 통해서 전문 상담자로 성장해나간다.

상담가가 된다고 해도 그때가 되면 또 다른 새로운 전문가들이 많이 등장할 것이다. 현재 상담학회들 중 가장 회원이 많은 두 학회가 있는데, '한국상담학회'와 '한국상담심리학회'다. 이 두 곳의 회원들만 현재 약 3만 명 이상이다. 앞으로 10~20년이 지나면 지금보다 경쟁이 더욱 치열해질 것이다. 그렇게 치열한 경쟁 속에서 어떻게 서바이벌할 것인가. 지금도 하루에 한 개의 상담소가 생기고 한 개의 상담소가 문을 닫는다고 한다. 그런 세계로 들어가겠다? 그건 아니다.

그래서 나는 나이가 많은 제자들에게 자주 얘기한다.

"여러분, 상담 공부하시면서 전문가가 되려고 하지 마세요. 여기에서 전문가가 될 분은 그렇게 많지 않습니다. 그러지 마시고 상담을 통해 내가 얼마나 행복해지고 있는가를 먼저 생각하세요. 우리는 죽기 전 어느 시점에서는 그동안 살아온 삶을 리뷰해야만 하는데, 상담은 이것을 도와줄 수 있는 중요한 도구입니다. 상담 분야가 전부 다 우리 삶, 인생에 대한 이야기잖아요. 사람의 마음에 대한 이야기고, 관계에 대한 이야기잖아요. 자신의 삶을 처음부터 끝까지 한번 다 리뷰를 해보세요. 그동안 내가 어떻게 살았고, 뭘 위해 살았으며, 어디로 가고 있는지, 왜 이 시점에 상담 공부를 시작했는지 이런 것들을 한번 리뷰해보세요. 그러고 나면 내가 상담 공부를 해서 무엇을 할 수 있을지 생각해볼 수 있습니다. 내 삶의 경험을 살려 그 경험들을 상담 속으로 통합할 수가 있습니다. 그건 나밖에 못합니다. 왜? 내 삶이니까."

자신의 넉넉한 삶의 경험과 상담에서 공부한 내용들, 그리고 자신의 삶을 리뷰한 지혜를 풀기 시작하면 유익을 줄 수 있는 분야가 굉장히 많다. 그동안 배운 상담 지식을 가지고 힐링 커뮤니티를 만들 수도 있다. 교회나 지역공동체에서 하는 '부부행복학교' 같은 데서 스태프나 강사를 해도 되고, 스몰그룹 미팅에서 리더를 해도 된다. 할 일은 많다.

우리의 삶은 마지막에는 넉넉하게 가야 된다. 뭔가를 주려면 내가 넉넉해야 한다. 시간도 넉넉하고 돈도 넉넉해야 하지만 더 중요한 것은 넉넉한 마음이다. 거기다 지혜까지 줄 수 있으면 참 좋은 일인데, 상담은 그 일을 도와줄 수 있다. 이렇게 자신의 일과 경험을 통합하는 방향을 찾아야 한다.

인생 전반전에 실패했다면

그런데 다른 사람의 유익만을 생각하기 어려운 사람들도 많다. 돈을 벌어서 생활을 해야 하기 때문이다. 이 얘기는 전반기에 해놓은 것이 별로 없다는 얘기다. 지금 한국 사회에 이런 사람이 아주 많다. 이런 사람들이 하프타임에 도달하면 아주 힘들어진다. 전반전에 세 골을 먹은 축구의 승부와 다를 바 없다. 후반전에 세 골을 넣어야 비긴다. 그런데 이미 전반전을 뛰어서 체력도 떨어졌고 심리적으로도 위축돼 있다. 이런 경우에는 처절하게 싸우다가 질 확률이 높다.

전반전에 세 골을 먹은 상태면 이는 앞서 말한 통합의 삶과는 전혀 다른 게임을 해야 한다. 일단 내가 세 골을 먹었다는 사실부터 인정해야 한다. 실직을 했는데 모아놓은 돈이 없다. 빚까지 지고 있다. 아내와는 이혼 직전이거나 이혼했다. 가족과 연락조차 하지 않고 살고 있다. 이렇게 세 골을 먹었음을 인정하지 않으면 나중에는 더 절망적인 상태가 된다. 더 무리하게 투자를 하고, 겉으로는 화목한 가족인 양 보이기 위해 가족들과 더욱 멀어지는 행동을 하게 된다.

가슴 아프게 들리겠지만 사람이 불행해지면 행복하기를 꿈꾸면 안 된다. 불행한 사람들이 훨씬 더 불행해지는 이유는 무조건 행복해지려고 하기 때문이다. 불행한 사람들은 첫째로 자신이 불행하다는 사실을 인정해야 한다. 그러나 불행한 상황에 놓여 있는 사람들은 대체로 이런 사실을 받아들이기 힘들어한다. 아니 알아도 듣기를 힘들어한다. 쉽게 말해 전반전에 세 골을 먹은 사실은 억대의 빚을 진 사람으로 비유될 수 있다. 불행한 사람이 행복해지려는 삶의 방식은 마치 억대의 빚을 진 사람이 대박을 꿈꾸는 것과 같다. 내가 지금 3억 원을 빚졌는데 어떻게 하든지 대박을 쳐서 빚도 다 갚고 몇 억 원은 벌어야겠다고 생각하는 것과 같다.

그러면 뭐부터 해야 할까. 어떻게 하면 빚을 갚을 수 있을지부터 생각을 해야 된다. 적자 인생을 흑자 인생으로 바꾸려고 하지 말고, 어떻게 하면 빚을 줄일까를 생각하면서 살아가야 한다. 물론 적자 인생을 흑자 인생으로 바꾸는 것을 장기 목표로 삼을 수는 있다. 중년기 이후에는 돈을 벌 수 있는 소스도 줄어들기 때문에 갚기는 둘째 치고 줄이기만 해도 행복하다고 삶의 목표를 작게 잡아야 한다. 불행하지만 조금이라도 덜 불행해지기를 바라야 한다.

하던 일이 안되고 가족과 관계가 나빠지는 등 불행한 상황에 빠지게 되었을 때 그때부턴 현실적인 안목이 있어야 한다. '내가 지금 행복하지 않구나. 불행해졌구나.' 이렇게 인정을 해야 한다. 그러면 '그래 내가 빚 졌다. 어떡하겠냐. 죽기밖에 더하겠냐.'라는 마음이 들 수도 있다. 오히 려 인정을 하면서 삶의 지혜가 생길 수 있다. 벗어나려고만 하면 더 조 급해지고 절망감이 생길 수 있다.

불행해지면 일단은 불행 속으로 들어가야 한다. 그것이 용기다. 그 불행 속으로 들어가는 삶이 실존적 삶이다. 그 실존으로 들어갈 수 있 어야만 그나마 불행이 줄어든다. 그래서 목표를 '불행 줄이기' 쪽으로 잡아야 된다. 전반기에 마이너스 난 사람들, 세 골 먹은 사람들은 특별 한 일이 없는 한 역전하기는 어렵다. 이런 사람들은 목표를 '골 차 줄 이기'에 두어야 한다. 월드컵 경기에서는 골 차의 수를 따진다. 경기에 서 지더라도 일단 골 차를 줄이면 유리하다. 그러다가 이기면 정말 좋 은 일이다. 그런데 '내가 목숨을 다 바쳐서라도 다시 한 번 이겨봐야지.' 라고 하면 운동장에서 죽는다. 중년기에는 비우고 버리는 쪽으로 방향 을 잡아야 한다.

04

정서적 관계 맺기

집에서는 어벙해야 사람받는다

남자들은 여자하고의 관계에서 똑똑한 척도, 논리적인 척도 하지 말아야 한다. 어벙해야 한다. 남녀의 관계 방식 중 하나가 정서적 관계다. 정서적 관계란 감정적으로 연결된 관계다. 부부간의 관계는 많은 경우에 감정적으로 얽혀 있기 때문에 논리적으로 풀려고 하면 많은 어려움에 직면을 하게 된다. 특히 남성들은 여성들에 비해서 상대적으로 더 논리적 접근을 하는 경우가 많다. 그렇다고 해서 남성들이 여성들보다 더 똑똑하거나 지능이 높다는 의미는 아니다. 남성들은 그 특성이 정서적이기보다는 좀 더 머리를 쓰면서 사는 삶의 방식을 가지고 있고, 여성들은 그 특성이 인지적이기보다는 좀 더 감정을 많이 쓰면서 사는 삶의 방식을 가지고 있다.

관계를 잘 못하는 남성들 중에는 여성들과 논리적으로만 관계를 하려고 하는 사람들이 있다. 그런 남편 때문에 힘들어하고 억울해하면서 상담을 신청한 부인이 있었다. 그녀는 남편하고 대화를 하면 항상 억울하게 끝이 난다고 호소했다. 처음에는 자신이 맞는 것 같고 남편이 잘못한 것 같아서 바로잡으려고 이야기를 시작하는데, 말을 하다 보면 남편의 논리에 말려들어 결국에는 자신이 잘못한 것으로 이야기가 끝난다고 했다. 남편이 자신을 사랑하지도 않고 잘못을 인정하기는커녕 자신의 잘못만을 들추어낸다며 서럽게 울었다.

이 부인의 남편은 자신이 얼마나 옳은지를 증명하기 위해서 아내와의 관계를 놓치고 있다. 그는 논리를 통해 자신이 승리했다고 생각할지 모르지만, 부부 관계는 이겨도 이긴 것이 아니고 져도 진 것이 아니다. 이긴 사람이 의기양양하는 동안에 진 사람은 눈물을 흘리며 복수의 칼을 간다. 나는 이렇게 복수심을 품고 있는 많은 부인들을 만났다. 이들은 많은 경우에 남편의 논리나 지배에 눌려서 마음속에 앙심을 품는다.

부인의 마음은 남편의 논리가 얼마나 맞는지보다는 남편이 자신을 얼마나 배려하고 사랑하는가에 초점이 맞춰져 있다. 논리가 필요 없다는 얘기가 아니다. 논리보다 더 중요한 관계, 즉 마음에 대한 이해와 관심이 있어야 부부 관계에서 성공하는 남자가 된다는 얘기다. 남자는 여자 없이는 의미가 없는 단어고, 남편은 부인이 없으면 의미가 없는 단어다. 이 둘은 언제나 서로가 없이는 존재할 수 없다. 부부 관계는 마음과 마음이 연결되는 관계다. 논리를 통해서 자신의 의견을 주장해야 할 때도 있지만, 논리로 인해서 마음이 다치지 않도록 하는 사랑의 마음이 필요하다.

내가 옳아도 상대방의 수용 여부를 보면서 천천히 주장하고, 옳지만 주장하지 않고 상대방의 마음을 들어주며, 옳지만 상대방의 입장에서는 그럴 수 있음을 인정하는 것이 곧 어벙한 남편이다. 이런 모습이 되지 않으면 남편은 부인과의 관계에서 성공적인 관계를 맺기 어렵다.

논리는 일을 할 때만 필요하다

━━━

논리는 일을 하는 데 필수적이다. 그래서 남성들의 논리성은 일을 하면서 더 강화되고 두드러진다. 그래서 많은 남성들이 이러한 일의 논리를 가지고 부부 관계를 하려고 한다.

지인 중 한 명은 일 중심의 완벽형이다. 상사나 동료들에게 업무 보고 외에는 개인적인 얘기를 전혀 하지 않았다. 심지어 화장실에 어슬렁거리며 다녀오는 것도 이해하지 못해 목청을 높였고, 본인은 그 짧은 시간에 정보가 바뀔 것 같아서 화장실을 제대로 못 갔다. 거기다 결벽증도 있어서 사무실에서는 실내화를 신지만 화장실에 갈 때는 구두로 갈아 신어야 한다며, 그렇게 하지 않는 동료들을 비판했다. 동료와 팀원들은 인간적인 소통은 전혀 되지 않고 늘 정답만 얘기하는 이 사람에 게 '이상한 국어책', '바른 생활'이라는 별명을 붙이고는 왕따를 시켰다.

퇴사 후 직장 모임에 나갔던 그는 충격을 받았다. 자신은 주로 상사 들하고 모임을 하는데, 동료들은 후배들하고 모이더란다. 동료와 후배 들은 자기들 모임에 이 사람을 아예 부르지도 않았다. 지인은 나중에 자 신이 굉장히 미움받는 상사이자 동료였음을 깨달았다. 물론 상사들에게 는 유능하다고 칭찬받았지만 말이다. 그는 그제야 자신이 바뀌어야겠다 는 생각을 하게 되었고 엄청 노력을 했다. 지금은 자신을 '허당'이라고 부르는 사람도 많다고 한다. 그는 이 별명을 매우 기뻐한다. '이제 내가 바뀐 게 티가 나는구나.'라며 만족해한다. 여전히 일을 할 때는 굉장히 타이트하고, 바르며, 완벽하게 하려고 하지만, 얘기를 하다 보면 어수룩 한 데가 느껴지는 자기를 사람들이 좋아한다고 한다.

정체성 없이 서바이벌 세대의 생존 기능 위주의 삶을 살고 있는 아버 지를 모시고 있는 지인은 아버지와의 관계에서 많은 어려움을 겪고 있 다. 그녀는 아버지와 대화를 하다 보면 늘 끝에 가서 본인이 야단을 맞 고 있다며, 도대체 왜 그렇게 되는지 알 수도 없고 납득도 안 간다고 했 다. 아버지는 그녀의 말을 자신의 논리대로 재단하고 분석하여 논리적 모 순을 찾아내고 야단을 치신다. 이런 상황을 매번 겪으면서 그녀는 '아, 이 게 도대체 뭐지?'라는 생각을 한다. 자신은 아버지와 마음을 나누는 대 화를 하고 싶은데, 아버지는 마치 회사에서처럼 업무 보고를 듣길 원하 는 것 같다고 했다.

사실 지인의 아버지는 자신의 논리가 얼마나 허망한지를 잘 모른다. 평생을 자신의 약점이나 결점을 논리적으로 무장하여 보여주지 않으려고 노력하면서 살아왔다. 아버지의 마음에는 뻥 뚫린 구멍이 있다. 그 구멍을 그냥 드러내면서 "애야, 내가 외롭다. 마음이 뚫린 것 같다."라는 말을 하지 못하는 아버지는 논리의 허망함에 희생당한 불쌍한 분이다. 이런 사람들은 정작 가족들이 자신을 안아주면 아주 좋아한다. 논리적으로는 왜 좋은지 설명할 수 없으면서 말이다.

일만 하면서 논리적으로 산 중년 남성들은 이제 논리의 허망함을 깨닫고 생명의 세상을 봐야 한다. 중년 남자들 중에 자칭 '알부남'들이 있다. 알부남이란 알고 보면 부드러운 남자라는 의미다. 앞에서 언급한 허당과 어울리는 말이다. 뭔가 어리숙한 것 같고 약간 빠진 것 같은 모습은 허당이나 알부남에게서 공통적으로 보인다. 뭔가 빈 구석이 있는 듯한 모습 속에 다른 사람들을 보듬거나 담아낼 수 있는 여지, 여백, 공간이 있다. 그러한 공간이 없으면 다른 사람들은 마음속에 들어갈 수도 없고 자리를 잡을 수도 없다. 그래서 많은 부인들이 논리적이기만 한 남자들과 사는 것을 어려워한다.

논리를 초월한 관계 맺기

남자들이 제아무리 논리적이고 치밀하다 해도 생명을 낳지는 못한다. 생명은 언제나 정서적인 감정들과 연결돼 있다. 남자들은 그것을 알아야 한다. 여자들이 비논리적이고 자기 좋아하는 것만 하고 치장만 하고 다니는 것 같아도 그네들은 아이를 낳는다. 남자들이 죽었다 깨어나도 할 수 없는 일이다.

모든 생명은 허당과 어벙에서 생긴다. 성경 창세기에서는 '하나님이 태초에 천지를 창조하시니라 땅이 혼돈하고 공허하며'라고 되어 있다. 하나님이 세상을 공허와 혼돈에서 창조했다는 뜻이다. 공허와 혼돈이란 비어 있다는 뜻이다. 허당, 어벙이라는 게 바로 그런 것이다.

나는 이러한 허당과 어벙을 내가 개발하고 있는 초월상담이론에서 '스페이스', 즉 '공간'이라고 한다. 사람이 자신을 초월하면 자신 안에 공간이 생긴다. 논리의 세상을 넘어서서 생명의 세상으로 가면 그만큼 공간이 생긴다. 내 자식을 무조건적으로 보호하려는 엄마의 감정적 본능-사실 이는 논리와 무관하기도 하고 더 큰 논리를 필요로 하기도 한다-에 의해서 아이의 생명력은 강화된다.

부부는 생명을 탄생시키고 유지하며 보호하는 관계다. 논리도 물론 중요하지만 논리를 넘어서서 무조건적으로 상대방을 지지하고 사랑하는 자세가 가장 필요한 관계다. 내담자 방 씨는 남편에게 자신이 옆집 부인과 싸운 이야기를 자주 한다. 이야기를 하다 보면 방 씨는 남편에게 실망하고 화가 나서 부부 싸움을 하게 된다.

"여보, 나 옆집 여자와 다퉜어. 그 여자가 얼마나 말도 안 되게 구는지 정말 기가 막히더라고! 나한테 자꾸 화난 사람처럼 말을 한다고 하는 거야!"

"당신 평상시에 나한테도 그러잖아! 옆집 여자 말이 일리가 있네!"

방 씨는 남편이 옆집 여자 편을 든다면서 큰 소리로 화를 낸다. 그러면 남편은 문을 닫고 들어가 버린다.

물론 남편은 억울할 수도 있다. 평상시 부인이 자신에게 큰 소리로 말을 하기 때문에 옆집 여자가 그렇게 지적할 만하다고 생각할 수 있다. 그러나 남편은 자신의 논리를 넘어서는 초월이 필요하다. "그 여자 왜 그런데! 왜 남의 부인한테 목소리가 크니 작니 그런데!"라고 말을 할 수 있어야 한다. 이런 말을 들으면 부인은 남편이 자신과 같이 있는 느낌이 든다. 자신의 마음을 공감하고 자신과 생명의 관계를 맺고 있는 사람 같은 느낌을 갖는다. 감정이 많은 여성들은 이러한 관계를 너무도 바라고 원한다. 그러나 논리에 갇힌 남편들은 이러한 생명의 관계를 잘하지 못해서 관계를 어렵게 하거나 힘들게 한다.

직장에서는 머리로, 집에서는 가슴으로

밖에서 일을 할 때는 논리적으로 분명하게 하는 삶이 필요하다. 그러나 집에 들어오면 논리를 넘어선 생명의 관계를 맺을 수 있어야 한다. 생명의 관계란 품는 관계다. 여성들의 천부적 장점은 곧 품는 능력이다. 자식과 관련된 일에 엄마들은 자신의 모든 것을 건다. 자식은 엄마의 마음에 품어져 있는 생명의 관계이기 때문이다. 그래서 엄마들은 논리와 관계없이 무조건적으로 자식 편을 든다. 이런 엄마 덕분에 아이들은 정서적으로 애착을 느끼고 안정감을 갖는다. 이러한 정서적 안정감을 EQ라고 한다. EQ는 Emotional Quotient의 약자로서, 감성지수다.

정서적 안정감은 아이가 앞으로 자신감을 가지고 열정적으로 삶을 살아가게 한다. 머리만 똑똑하고 정서적으로 취약한 사람들은 인생의 어느 시점에서는 살아갈 힘을 잃게 된다. 똑똑한 사람들 중에 끝까지 버티지 못하고 상대방의 요구를 쉽게 들어주는 경우가 종종 생기는 이유다. 또한 정서적으로 안정되지 않은 사람들은 쉬운 일을 어렵게 하는 경우가 많다. 머리에서 생기는 논리를 따라서 하려다가 그렇게 된다.

그러나 정서적으로 안정된 사람들은 버티는 힘이 강하고 오히려 합리적 결정을 하는 경우가 많다. 어려운 일도 종종 쉽게 하고, 일을 하다가 실수나 실패를 해도 잘 받아들이는 편이다. 이러한 정서적 안정성은 모두 엄마의 감정에 근거한 비합리적 행동들로 인해서 만들어진다. 자기 자식이 최고로 똑똑하게 보여서 천재라고 생각하거나 이 세상에서 내 자식이 가장 잘난 사람같이 보이는 엄마의 마음이 곧 아이의 정서적 세계를 안정적으로 만들어준다. 아이는 무력하기 때문에 이렇게 자신을 무조건적으로 받아주는 엄마의 감정적 사랑이 없이는 세상을 살 수 있는 힘을 기를 수가 없다. 물론 아이가 커가면서 엄마는 아이와 합리적이고 논리적 관계를 맺을 필요가 있다. 아이가 성장을 했음에도 불구하고 엄마가 이렇게 비합리적 관계만 한다면 아이와 엄마의 관계는 어려움에 처할 수도 있다.

부부 관계도 마찬가지다. 두 사람은 생명의 관계이기 때문에 논리적으로만 관계를 할 수도 없고 비논리적으로만 관계를 할 수도 없다. 논리와 비논리가 모두 포함된 관계가 부부 관계다. '누가 뭐라고 해도 나는 아내 편'이라는 마음을 가지고 있는 남편의 비논리성은 부인으로 하여금 안정감을 느끼게 한다. 이러한 정서적 안정감을 바탕으로 두 사람은 합리적 관계를 할 수 있다. 부인이 정서적으로 남편에 대해서 편안해하고 자신을 편들어주는 듯한 느낌을 가진다면 그 시점에서 남편은 부인에게 합리적인 이야기를 할 수 있다. "그런데 당신 목소리도 만만치 않은 것 같은데, 어때?"라고 합리적 대화를 할 수 있다. 이는 역으로도 마찬가지다. 남편은 부인들이 무조건적으로 지지를 해주는 관계를 가질 때 정서적 안정감을 갖는다. 이러한 정서적 안정감을 바탕으로 남편과 합리적 관계를 가질 수 있다.

중년 남성들은 이제 가슴으로 느끼는 훈련이 필요하다. 특히 논리로만 산 남자들일수록 가슴으로 느끼고 이를 언어화하는 삶으로의 전이가 필요하다. 가슴의 느낌은 시의 세계고 감성의 세계며 품는 세계다. 가족이라는 공동체를 마음으로 품고 부인과 아이들에게 안정감을 제공하는 사람이 남성이다. 이런 의미에서 남자들은 가장이다. 가족의 장(長)인 남성들은 이렇게 공동체를 가슴에 품고 공동체와 운명을 같이하는 사람들이다. 모든 지도자들은 자신들이 품은 공동체와 운명을 같이하는 사람들이다. 지도자가 공동체를 버리게 되면 공동체의 사람들도 죽고 결국 자신도 죽음을 당하게 된다. 그래서 지도자들은 공동체를 떠나서는 삶을 살 수 없다. 남성들은 이제 가족 공동체와 운명을 같이하는 사람들이다. 엄마들이 아이들을 가슴에 품고 살아가듯이 남성들은 가족을 가슴에 품고 살아가야 한다.

남자의 후반전

05

가족과
새로운 관계 만들기

'머슴, 하녀'가 아닌 '남자, 여자'로

매우 일 중심적인 지인은 결혼 후 아내가 자신을 잘 뒷바라지해주기를 바랐다. 살림 잘하고 내조 잘하고 집안 대소사 잘 챙기는 부인을 바랐는데, 살림도 못하고 안 챙겨주자 자주 싸우게 되었고 결국 이혼을 했다. 왜 그랬을까? 이 남자는 자신의 부인과 상전과 하녀 같은 관계를 맺고 있었다. 아마도 본인은 이를 인식하지 못했을 것이다. 일 중심적 관계를 맺으면 남녀 관계는 없어진다. 일 지향적인 관계였으니까 부인이 아니라 일꾼이었던 것이다. 이렇게 살다가 거꾸로 되는 경우도 종종 있다. 하녀로 살던 부인들이 나이가 들면서 어느 날부턴가 자기주장을 하게 된다. 그러면 이젠 거꾸로 남편이 상전 자리에서 내려와 머슴이 될 수 있다. 이 집은 남편과 아내가 살지 않고 머슴과 하녀가 산다.

일 지향적인 여자들도 꽤 있다. 그런 여자들이 또 일 잘하는 남자들을 만난다. 그래서 둘이 동지로 산다. 남편과 아내가 아니라 이 동지, 김 동지, 박 동지다. 둘이 으샤으샤 하면서 열심히 집 사고 차 사고 아이들 키우고 아파트 평수 늘리고 산다. 나중에 보니까 동지만 있고 남녀가 없다. 이런 이유로 외도가 발생할 수 있다. 머슴과 하녀만 있는 집, 두 동지가 사는 집에는 남녀가 없다. 일꾼들만 있거나 종만 있지 남자와 여자가 없다.

남성의 정체성 중 하나가 일 지향성이다. 그래서 일 지향적인 남자들이 부인에게 집안 대소사를 잘하고 자신을 잘 보필해주기를 바라는 마음은 자연스럽다. 그러나 이러한 방식의 부부 관계는 두 사람의 관계를 다른 방식으로 바꾸게 된다.

내담자 중에 남편과 사회운동을 하면서 산 부인이 있었다. 두 사람은 데이트를 할 때부터 동지적 사랑을 하였다. 열심히 사회운동을 하면서 좋은 부부 관계를 유지하며 살고 있다고 생각하였다. 결혼 10여 년이 지난 어느 날, 부인은 몹시 지치기도 하고 쉬고 싶기도 해서 사회운동을 그만두고 싶어졌다. '내가 이 남자에게 여자인가?'라는 의문도 들었다. 그래서 목걸이를 하고 반지도 끼고 남편을 만나러 가서 이제 사회운동을 그만두겠다고 했다. 그런데 남편의 반응이 충격적이었다. 남편은 "너 변했구나! 어떻게 네가 동지들을 배신할 수가 있느냐?"고 했다. 한동안 아무

남자의 후반전

말도 하지 못하던 부인이 "나는 당신에게 여자이고 싶고 당신이 내 남자였으면 좋겠다." 하자 남편은 대뜸 "너 왜 그러냐? 우리 결혼할 때부터 이거 약속하고 결혼했잖아!"라고 대답을 했다고 한다. 부인은 이때부터 우울해지기 시작했다. 언제부터인가 남편은 더 이상 남자가 아니고 그냥 동지였을 뿐이다.

반대의 경우도 마찬가지다. 일 지향적인 남편이 자신을 잘 도와주는 일 잘하는 여자와 문제없이 살다가 중년이 된 어느 날 부인이 더 이상 여자가 아닌 것 같은 느낌을 받는다. 그러면 '아니 어떻게 저 여자는 일만 하고 있지? 집에 들어가면 맨날 일만 하고 내 마음은 알아주질 않네!'라고 생각하면서 부인을 비난한다. 결혼 후 아이들 낳고 열심히 남편 뒷바라지하면서 중년기에 도달한 부인은 이미 엄마로, 그리고 며느리로 살면서 씩씩한 사람이 되어 있다. 남편은 중년이 되어 자신의 마음을 나눌 여자가 필요한데, 그러한 여자는 온데간데없고 일 잘하는 일꾼만 있다. 이제 부부는 새로운 관계 형태를 가져야 한다. 일을 잘하는 관계가 아니라 남자와 여자로서 마음을 이해하고 달래주는 공감적 부부 관계를 맺어야 한다.

화성에서 온 남자 vs 금성에서 온 여자

새로운 부부 관계, 즉 공감적 부부 관계를 하기 위해서는 남녀가 어

떻게 대화를 하는지 그 차이를 이해할 필요가 있다. 이 부분은 남편과
아내가 함께 읽으면 좋을 것 같다.

남녀 대화에는 통역이 필요하다

대화에 미숙하고 필요에 의해서만 대화를 하는 것이 남자의 특징이
지만, 중년이 되면 남자도 여자의 대화에 참여할 수 있어야 한다. 그래
야 정서적인 관계가 가능하다. 여자들과 대화를 잘하려면 남녀 차이를
인식해야 한다. 미주알고주알 남자들에게는 쓸데없어 보이는 얘기가 부
인들한테는 생명력이라는 걸 알아야 한다. 내 아내가 나한테 미주알고
주알, 내 딸이 나한테 미주알고주알 말하는 행동은 딸과 아내가 활력이
있는 상태임을 시사한다.

내가 부부 상담할 때 많이 하는 활동이 통역이다. "당신 부인이 당신
한테 와서 미주알고주알 시댁이 어쩌고저쩌고 일일이 이런 얘기를 하
는 자체가 당신 부인에게는 활력이 됩니다. 이걸 아셔야 해요." 남자들
은 깜짝 놀란다. "아? 그게 뭔 활력? 아니, 나 같으면 오히려 말하는 것
이 피곤할 텐데……." 자기한텐 피곤한 얘기지만, 여자 입장에서는 활
력이다. 똑같은 한국말인데 남녀 간에는 통역이 필요하다. 갈등은 서로
가 잘못해서 생길 수도 있지만, 서로 모르는 남녀의 차이로 인해 생기
는 경우도 많다.

처음 상담 공부를 할 때 교수님들로부터 배운 귀한 가르침이 있다.
상담 시간 50분 동안 무슨 얘기를 해야 할지 모르겠다고, 그 시간이 두

렵다고 했더니 교수님이 "고개만 끄덕여라, 고개만."이라고 하셨다. 그래서 실제로 그렇게 고개만 끄덕인 적이 있다. 내가 고개를 끄덕이니까 내담자는 계속 말을 했다. 그런데 50분이 쓱 지나갔다. 남자들은 고개를 잘 안 끄덕이는데 고개만 끄덕여도 여자들과 대화가 된다. "아, 그러냐?"고 고개만 끄덕끄덕해도 관계가 스무드해진다. 고개를 끄덕이고 끝말 조금 이어주고, "아, 그렇구나! 그랬네!" 하고 약간 감탄해주면 대화가 풍성해진다.

필요하면 눈도 마주치자. 눈 마주치는 행동이 참 중요하다. 남자들은 쓸데없는 얘기를 한다고 생각하면 눈을 안 마주친다. 그런데 눈을 마주치는 행동을 하면 상대방은 자신이 존중받고 있다고 느끼면서 마음을 열게 된다. 여자들은 이야기를 하면서 눈을 마주치게 되면 그 눈길을 통해서 상대방의 마음을 느낀다. 부드러운 눈길은 많은 경우에 부인들의 마음을 녹인다. 부드럽게 눈길을 마주치면서 사랑의 마음을 느끼고 싶은 마음이 곧 여자들이 가지고 있는 행동 양식이다.

그런데 눈길에도 여러 종류가 있다. 느끼한 눈길, 그리고 공격적인 눈길이 있다. 느끼한 눈길로 쳐다보면 여자들은 흑심을 가지고 본다고 느껴 싫어한다. 존중받지 못한다는 생각을 하기 때문이다. 공격적인 눈길은 여자에게 위협감과 상대방을 밀쳐내고 싶은 마음이 들게 한다. 그래서 남편은 부인과 눈을 마주칠 때 부드럽게, 그리고 약간은 자연스럽게 다른 곳을 보다가 이내 돌이키는 눈 행동을 익힐 필요가 있다. 남자들한테는 이것이 참 어렵다. 어려운 일이지만 그만한 가치가 있다. 사실 사회생활을 하면서는 그것보다 더 어려운 일도 하고 살았다. 부인과 이렇게 새롭게 정서적 관계를 맺어가야 한다.

속마음을 표현하는 여성, 표현하지 않는 남성

부부 상담을 해보면 여성들은 상담에 왜 왔는지 얘기하는 데 10분, 20분이 걸린다. 자기를 공감해달라면서 20분 동안 다른 얘기를 한다. 뭘 도와달라는 건지, 얘기가 어디로 가는지 모르겠어서 거듭 "뭘 도움받고 싶으세요?"라고 묻게 된다. 그러면 "아, 네 교수님 저 도움받을 거 있어요."라고 말하면서도 또 시댁 얘기를 하고 남편 얘기를 하고 자식 얘기를 한다. 결국 나중에 보면 자기 마음 알아달라는 얘기다.

여자들이 이렇게 행동하는 이유는 감정적이기 때문이다. 감정은 논리를 따라 움직이지 않는다. 충동적이고 느끼는 대로 움직인다. 자신들이 하는 이야기를 상대방이 듣고 있는가를 중요하게 여긴다. 반면 남성들은 자신이 원하는 것을 가감 없이 이야기하는 경우가 많다. 물론 일부 남자들은 자신이 원하는 것을 빙빙 돌려서 이야기하기도 하지만 대부분의 남성은 그렇지 않다. 그래서 남성들의 대화는 딱딱하게 느껴지고 때로는 썰렁하기까지 하다.

남자들은 필요할 때 대화한다. 남자들이 열심히 대화하는 때는 데이트할 때다. 여자를 얻어야 하기 때문이다. 그때는 이 얘기, 저 얘기, 마음에 있는 얘기, 없는 얘기 등 온갖 얘기를 다 한다. 근데 딱 결혼하고 나면 부인과는 대화를 잘 하지 않는다. 남편의 관심사를 부인이 관심 없어

하거나 부인의 일상 이야기가 남편들에게는 필요가 없기 때문이다. 그래서 굳이 필요가 없으면 대화를 하지 않고 쉰다.

이는 남녀의 대화 차이 중의 하나로 'inexpressive male'이라고 할 수 있다. '표현하지 않는 남성'이란 뜻이다. 그러면 '남성들은 무엇을 표현하고 무엇을 표현하지 않을까?'라는 질문이 생긴다. 남성들은 마음의 느낌이나 생각들을 잘 표현하지 않는다. 특히 남성들은 작은 갈등이 생기면 잘 표현을 하지 않는 경향이 있다. 웬만한 갈등은 넘어가려고 하고 갈등이 불거지면 말을 하지 않고 생각하려 한다. 생각을 한 뒤 한꺼번에 말을 하거나 결론만 말하는 경향이 있다. 반면에 여성들을 표현하는 문구는 'expressive female'이다. 즉, '표현하는 여성'이다. 여성들은 어떤 식으로든 감정을 표현한다. 말을 하지 않을 때는 표정이나 행동으로라도 감정을 표현한다. 여성은 표현을 통해서 남성과 관련을 맺으려 한다. 상대방이 자신이 말하는 내용이나 느낌을 공감해줄 때 좋아한다.

갈등을 말로 푸는 여성, 행동으로 푸는 남성

남녀의 대화 차이는 부부간에 갈등이 생겼을 때 아주 잘 드러난다. 부인은 갈등이 생기면 남편에게 자꾸 말을 하려고 한다. 반면 남편은 말을 하지 않으려고 한다. 남편이 작은 일로 갈등이 생겼을 때 이를 일일이 미주알고주알 말을 하지 않는 이유 중 하나는 남자들의 심리 때문이다. 예를 들면 설거지 때문에 서로 싸웠다. 부인은 싸운 걸 가지고 말을 하고 싶어 한다. 그래야 풀리니까. 그런데 남자들은 이렇게 작은 것을 가지고 얘기를 하면 할수록 본인의 마음이 좁은 느낌이 들기 때문에 말을 하지 않고 싶어 한다. 남자들은 사회적으로 대범하거나 관대함을 요구받는 문화적 환경 속에 살고 있다. 그래서 작은 갈등이나 작은 일에 일일이 말을 하기 시작하면 자신이 쪼다, 찌질이, 좀생이, 좀팽이, 샌님, 좁쌀영감 등과 같은 느낌을 갖는다. 마음이 좁은 남성을 표현하는 단어의 풍부함에 주목할 필요가 있다. 이러한 느낌은 많은 경우 문화적으로 형성된 단어에서 비롯된다.

부인은 여성의 정체성인 언어적 친밀감을 가지고 있고 남편은 남성의 정체성인 행동적 친밀감을 가지고 있다. 언어적 친밀감을 가진 부인은 말을 통해서 마음이 연결되기를 원한다. 부인은 부드럽고 따뜻한 말, 배려하고 존중하는 말을 들으면 친밀한 감정을 느끼고 상대방을 사랑하는 마음이 생긴다. 반면 행동적 친밀감을 가진 남편들은 같이 무엇인가를 하고 있을 때 친한 느낌을 갖는다. 부인이 자신을 존중하고 지지하며 자신이 하는 일에 대해서 존중과 존경의 마음을 가지고 바라볼 때, 부인을 좋아하고 사랑하는 마음을 갖는다. 특히 남성들은 자신이 하는 일을 부인이 인정하지 않거나 좋아하지 않으면 아주 낙심하고 실망하는 경향이 있다. 남성들의 행동적 친밀감은 자신들이 하는 일과도 깊은 관련이 있기 때문이다.

이러한 언어적, 행동적 친밀감의 차이는 갈등이 생겼을 때 부인과 남편이 더욱 어려움을 느끼게 만든다. 부부가 다투고 나면 화해를 하고 싶은 남편은 뭔가를 같이 하면서 갈등을 풀려고 한다. 그래서 아직 뚱해 있는 부인에게 밥을 먹으러 가자거나 외출을 하자고 한다. 부인도 내키지는 않지만 화해를 하려는 마음에 함께 식당에 간다. 부인은 남편이 밥을 먹기 전 "미안해, 내가 잘못했어. 다음에는 안 그럴게."라는 사과의 말을 하리라는 기대를 한다. 만약 남편이 사과의 말도 하지 않고 밥을 먹거나, 사과를 하더라도 간단히 또는 퉁명스럽게 "미안해."라고만 하면 마음이 풀리지 않는다. 겨우 퉁명스러운 "미안해." 한마디로 사과를 했다고 생각하고 같이 밥을 먹었다고 성관계를 시도하면, 부인은 남편에 대해 '단세포 같은 인간', 심한 경우에는 '짐승 같은 인간'이라는 생각을 하며 더 깊은 상처를 입고 남편을 미워한다.

한편 남편은 부인이 언어적으로 갈등을 해결할 때 자신의 정체성을 위협받기도 한다. 아직 마음이 풀리지 않은 부인은 대체로 남편을 부정하거나 비꼬는 방식으로 말을 하기 때문이다. "에이 꼴 보기 싫어!", "저러고도 남자야!" 등과 같은 말이다. 부인은 "당신과 관계를 풀고 싶어요."라는 마음에서 이런 말을 하지만, 듣는 남편은 알기 어렵다. 부인의 마음이 접수되기보다는 오히려 자신의 정체성을 심각하게 부정하는 말로만 들린다. '저 사람이 나를 무시하고 인정하지 않는구나.'라는 생각에 언성을 높이거나, 부인을 무시하는 행동을 하게 된다. 그래서 관계는 더 어려워지고 꼬인다. 이런 일이 반복되면 남편은 입을 굳게 닫고 일만 하는 경향을 보인다.

말로 갈등을 푸는 여자, 함께 하는 행동으로 갈등을 푸는 남자여서 그런 것인데, 남녀 차이에 대한 이해 부족으로 갈등을 키우고 서로 외로운 삶을 살게 된다.

"밥 달라"로 마음을 표현하는 남자들

밥 먹는 문제로 싸우는 가정이 많다. 중년 부부나 노년의 부부는 많은 경우 밥 때문에 싸운다. 남자들은 마음속에서 일어나는 어려움을 주로 먹는 것으로 표현한다. 먹는 것에 마음을 담아서 말을 한다. 불쌍한 일이다. 어린 시절 집에 오자마자 "우리 아들 배고팠지?" 하며 밥을 차려주시던 어머니의 사랑을 아내에게서 경험해보고 싶은 마음이 있다. 자신을 무조건적으로 받아주던 어머니의 사랑은 주로 먹는 것을 통해서 나타났고, 그렇게 먹는 것을 통해서 사랑을 느낀 방식으로 부인에게 사랑을 받으려고 한다. 어머니같이 무조건적으로 지지해주고 사랑해주는 부인의 사랑을 밥을 통해서 느끼고 싶어 한다.

그러나 남자들의 이런 기대와 달리 여자들은 현실적으로 배가 고플 일이 별로 없다. 직장생활을 하지 않는 부인인 경우, 중간중간 간식도 먹고 누군가와 만나면 먹으면서 얘기하는 경우가 많기 때문이다. 그래서 밥때가 되어도 배가 고픈 줄을 잘 모른다. '내 배가 부르면 남의 배고픔을 모른다.'라는 속담처럼 부인들은 자신의 배가 고프지 않으니 남편이 배가 고픈지를 잘 감지하지 못하거나 신경을 쓰지 못한다. 특히 정서적으로 어려움이 있는 부인은 남편이 집에 들어오면 자신의 마음을 달래주거나 마음을 풀어주는 말을 해주기를 기대한다. 남편의 밥보다 자신의 마음이 먼저다.

그런데 남자들은 아침 먹고 출근해서 점심 먹을 때까지는 아무것도 먹지 않는다. 점심을 먹으면 또 저녁시간까지 아무것도 먹지 않는다. 간식을 먹는 시간이 거의 없다. 집에까지 들어오는 시간을 따지면 점심식사 후 저녁을 먹을 때까지는 예닐곱 시간을 빈속으로 있게 되니 집에 오자마자 밥 달라고 하게 되고 빨리 주지 않으면 화를 낸다.

　남자는 집에 와서 배가 고파 밥을 먹고 싶기도 하지만, 어머니의 사랑을 느끼고 싶은 정서적 욕구로 밥을 찾는 경우도 많다. 그러나 부인은 이러한 남편의 마음을 헤아리기가 어렵다. 집에 오자마자 밥 달라는 남편에게 "내가 당신 밥해주려고 결혼한 줄 알아!", "나는 뭐 식모야?", "집에 오면 왜 맨날 밥 타령이야?"라는 말을 한다. 남편은 배고픈 상태에서 정서적 사랑은 고사하고 자신을 공격하는 말을 듣게 된다. 참으로 불쌍한 일이다. 이럴 때 남편이 자신의 마음을 말로 표현하면 좋은데, 앞에서도 언급했듯이 어떻게 표현할지 모르고 또한 표현을 한다고 해도 부인이 들을 것 같지 않아서 말로 표현을 하지 않는다. 화를 내거나 자기 방으로 들어가 버린다. 남자들은 자신의 마음을 표현하는 연습을 함으로써 밥에 정서적 욕구를 담는 것을 줄이고, 여자들은 남자의 "밥 달라."는 말에 많은 의미가 있음을 이해해준다면 밥 때문에 싸우는 일은 줄어들 것이다.

자녀들에게 부모는 영원한 '비빌 언덕'

———

자녀와의 관계를 재정립하는 일도 중년기에 해야 할 일이다. 자녀 얘기를 꺼내면 "내 코가 석자"라는 반응을 보이는 남성들이 종종 있다. 맞는 말이다. 자신의 문제가 심각하고 어려우면 타인의 문제가 잘 들어오지 않는다. 그러나 자녀와의 관계는 자신의 문제가 얼마나 심각한가에 관계없이 따로 풀어야 한다. 많은 부부들이 자신들의 문제가 심각하고 많아서 자녀 문제를 소홀히 했다가 나중에 얼마나 많은 어려움에 직면하는지 모른다. 자녀와의 관계는 부부의 문제와는 관계없이 따로 해결해야 한다.

자녀와는 일 중심의 관계에서 존재 중심의 관계로 전환해야 한다. 아내와 정서적 관계를 맺기 위해 일 중심에서 정서 중심, 존재 중심으로 시각을 바꾸었듯이 아이와의 관계를 위해서도 아이를 그 존재 자체로 긍정해주는 노력을 해야 한다. 자녀들 입장에서는 부모가 '비빌 언덕'이다. 비빌 언덕이라는 말은 기댈 수 있는 존재라는 의미다. 자녀에게는 언제나 긍정적인 말을 하는 부모의 태도가 비빌 언덕이다. 만나면 긍정적이어서 왠지 될 것 같은 마음이 들고 마음이 편안해지는 부모, 그 부모가 곧 자녀에게는 존재적 관계다. 상상해보자! 우리를 위해서 항상 든든하게 서 있고 버티고 있는 존재가 있다면 그 자체만으로 얼마나 좋은가? 부모는 자녀들에게 그런 존재이다. 얼마나 사회적으로 유능한가를 떠나서 자녀들에게 변함없이 든든한 존재로 있는 것이 중요하다.

내담자 고 씨는 어린 시절 부모님에게 용돈을 받아본 적이 없었다. 부모가 인색해서였다. 고 씨는 남편이 돈을 잘 벌고 경제적으로 여유가 있다. 그럼에도 불구하고 부모에게 받지 못한 용돈을 지금도 받고 싶어 한다. 이는 돈의 문제가 아니다. 용돈을 받고 싶어 하는 마음은 부모에게 딸이고 싶은 마음이다. 나는 "지금이라도 용돈을 달라고 하세요. 마음을 이야기하고 용돈이 왜 필요한지 말을 하세요."라고 조언을 하였다. 고 씨는 "알겠어요. 아버지께 말을 해야겠어요. 사실 저는 돈이 필요하지 않아요. 아버지보다 제가 돈이 훨씬 많거든요. 그런데 아버지께 용돈을 받아서 아버지의 딸임을 느끼고 싶어요."라고 말했다.

일주일 후에 놀라운 일이 벌어졌다. 고 씨가 자신의 마음을 얘기하자 아버지는 딸의 그런 마음을 전혀 모르고 있었다며 사과하고 수천만 원을 주었다. 고 씨는 감격해서 상담실에 왔다. "이제는 제 마음이 풀린 것 같아요. 이 돈은 따로 간직해둘래요. 아무에게도 주지 않고 나만을 위해서 쓸래요."라고 했다.

그렇다. 부모는 그래서 죽을 때까지 부모다. 부모라는 말의 뜻이 언제나 비비고 기댈 언덕이라는 뜻이다. 아무리 애들이 잘못하고, 아무리 애들이 속을 썩이고, 아무리 애들이 뛰쳐나간다고 해도, 부모는 그 자리에 있어야 한다. 그러면 아이들이 돌아올 곳이 생긴다. 부모가 흔들리기 시작하면 애들 입장에서는 돌아오고 싶어도 돌아올 곳이 없게 된다. 잘 견뎌주고 버텨주는 자녀와의 관계, 하루아침에 안 된다.

첫째 아이를 낳고 어떻게 해야 할 줄을 모르고 있을 때 장모님이 해주셨던 "김 서방, 걱정하지 말게."란 말이 아직도 생각이 난다. 우리 장모님은 9남매 속에서 자라 9남매의 장남과 결혼해서 8남매를 두셨다. 지금은 슬하에 있는 자녀들과 그다음 자손들이 모두 40명이다. 이런 분이 처음 아이를 낳고 당황하고 있는 나에게 "걱정하지 말게." 하셨는데 그 말이 참 위로가 됐다. 부모와 자녀의 관계에서는 이게 꼭 필요하다. 아이들에게 "괜찮다."고 해줘야 된다. 잘못했을 때도 괜찮다고 해줘야 된다. 잘못을 인정해주라는 말이 아니라 "괜찮아, 네가 회개하면 돼.", "괜찮아, 네가 바로잡으면 돼.", "괜찮아, 다시 시작하면 돼."라는 말이다. 참 필요한 말이다. 이런 말을 해주는 사람이 주변에 있으면 얼마나 좋겠는가?

정서적인 친구와 일없이 만나자

가족과 정서적인 관계를 맺게 되면 만나는 친구도 달라질 수 있다. 일 중심에서 존재 중심으로 사람이 달라지면 친구의 종류도 바뀐다. 그래서 중년기에는 그나마 남아 있는 친구들 중에 좀 더 정서적인 친구들과 만나서 좀 더 정서적인 관계를 해야 한다. 남자들은 일로 모이고, 일로 어울려 다니고, 일로 친해진다. 일차적 관계가 일이라는 뜻이다. 근데 일이 없어지면 더 이상 친구가 안 되기 때문에 인간 중심적인 관계가 되는 사람들하고 관계를 맺어야 한다.

오 씨는 일로 친구 관계를 맺는 사람이었다. 골프를 치거나 연수를 하면서 일의 연장선에서 친구가 되었다. 퇴직을 하고 나서 밥을 같이 먹으려고 이 친구 저 친구에게 전화를 했다. 그러나 친구들은 바쁘다며 만나주지 않았다. 오 씨는 상담을 받으면서 자신이 어떤 방식의 관계를 맺고 있었는지 깨달았다. 즉, 그들은 친구가 아닌 그냥 일 관계의 사람이었음을 알게 됐다.

오 씨는 이제라도 존재적 관계를 맺을 줄 알아야 한다. 그는 자신이 얼마나 자신의 마음을 일 속에 묻고 살았는지를 새삼 깨달으면서 많은 후회를 했다. 나는 그에게 이해관계가 없는 사람들을 만나기를 권유했다. 그냥 만나면 좋은 사람, 그리고 밥을 같이 먹으면서 편안하게 말할 수 있는 사람을 만나도록 권했다. 오 씨는 처음에는 아주 어려워했다. 그에게 취미가 무엇인가를 물었는데 특별한 게 없었다. 일을 하지 않을 때는 주로 잠을 자거나 TV를 보는 것이 전부였다. 어떤 TV 프로그램을 좋아하는지 물었더니 음식 프로그램을 좋아한다고 했다. 나는 음식에 관심이 많은 사람들을 만나서 음식에 관한 이야기를 하도록 안내했다. 그러자 오 씨는 다시 활기를 띠기 시작했다. 음식을 통해서 자신의 마음을 열고 이야기를 할 수 있게 됐고, 음식 동호회에 들어가서 활동도 같이 했다. 그렇다. 많은 오 씨들이 존재적 관계를 어떻게 맺는지 잘 모른다. 존재로서의 우리를 드러내는 것 중 하나가 취미다. 취미는 특히 중년기의 남성들에게 아주 중요하다. 일이 없어졌을 때 무엇을 하며 살지 잘 모르는 중년 남성들은 취미를 가지고 있어야 한다. 취미를 통해서 자신을 표현하고 더 나아가서는 일로 연결할 수도 있다.

일은 나의 일부분일 뿐,
나는 일을 초월하는 존재다

———

일을 넘어서 존재로의 이행은 중년기에 꼭 필요한 전환이다. 나라는 존재는 일이 없으면 쓸모없는 존재고 뒷방에 밀려나서 누구에게도 주목 받지 못하는 형편없는 사람이 아니다. 나라는 존재는 존재 자체로 귀하고 그 무엇과도 바꿀 수 없는, 천하보다 귀한 생명이다. 일을 잘하든 못하든, 사회적으로 중요한 위치에 있든 아니든, 사람들이 중요하게 보든 아니든 관계없이 나라는 존재는 천하 우주보다 귀하다.

나라는 존재는 일에 갇히는 그런 작은 존재가 아니다. 나는 일을 할 수도 있고 하지 않을 수도 있는 존재다. 그리고 일을 열심히 할 수도 있고 안 할 수도 있는 자유로운 존재다. 경제적인 이득이 생기는 일을 할 수도 있고 남들에게 봉사를 하면서 의미 있게 살 수도 있는 존재다. 나는 나만을 위해서 살 수도 있고 다른 사람들을 도우면서 살 수도 있는 존재다. 그 어느 누가 이런 나를 필요 없다고, 쓸모없다고 말을 할 수 있겠는가? 일은 나의 부분일 뿐이다. 일이 없어졌다고 내가 없어지지도 않고 쓸모없어지지도 않는다. 나는 존재 자체로 위대하며 놀라운 생명력을 가진 존재다.

남자의 후반전

이러한 점을 깊이 인식한다면 중년 남성들은 자신들의 마음 깊은 곳에서 바라고 원하는 것들을 꺼내서 바로 실천할 수 있을 것이다. 그동안 일 때문에, 상사 때문에, 회사 때문에 하지 못했던 많은 것들을 이제는 할 수 있다.

그동안 일을 하느라 얼마나 수고를 많이 했는가? 그동안 가족을 부양하느라 얼마나 노력을 많이 했는가? 그동안 그 어려운 치열한 전쟁터 같은 곳에서 살아남기 위해 부단한 노력을 한 내가 얼마나 대단한가? 나 스스로가 인정해줄 수 있지 않은가? 물론 이러한 존재로의 생각 전환은 쉽지 않다. 많은 사람들이 다 일 중심의 방향을 보고 있는데 나만 다른 방향을 보면 내가 이상하게 느껴지기 때문이다.

내 방에 화분이 몇 개 있는데, 화초의 잎들은 항상 햇빛 쪽을 향한다. 나는 잎들이 골고루 자라도록 화분을 자주 돌려준다. 쫙 펴 있던 잎들이 햇빛을 받지 못하면 쪼그라든다. 그러다 햇빛을 받으면 다시 펴진다. 사람도 똑같다. 사람도 사랑을 받으면 자신이 하고 싶은 것, 즉 존재적인 것들이 전면에 부상을 한다. 취미도 생기고 남들을 돕는 일도 하고 싶고 자신이 받은 사랑을 돌려주고 싶은 마음이 들기도 한다. 화초를 돌려놓는 시기가 남성들에게는 중년기다. 이때는 전환기로서 위험한 시기다. 쪼그라들 수 있고 혼란스러울 수 있으며 어려울 수 있다. 예상치 않은 일도 생기고 내가 '나' 같지 않다. 그러나 이런 나를 품고 자신을 사랑해주고 다른 사람들과 존재적 관계를 맺도록 한다. 이렇게 하지 못하면 다시는 기회가 없다.

그래서 중년기 위기는 결국은 자기하고의 싸움이다. 결국은 청소년기에 했어야 할 싸움을 안 했기 때문에 지금에 와서 좀 더 힘들게 하는 것이다. 청소년기에 했더라면 짧은 시간에 좀 더 쉽게 했을 것을 중년기 때 다급해져서 하니까 더 힘이 든다. 더 걱정도 되고, 염려도 되고, 될까 하는 의심도 든다. 이번이 마지막 기회다. 혹시 가다가 중지해도 그만큼 도움이 되니 꼭 자기와의 싸움에서 승리할 수 있기를 바란다. 3부, 4부에서 보았듯이 결국 파워를 가지려고 하는 노력을 중단해야 한다. 중년기 때 이 작업을 하지 않으면 노년의 삶은 비참해지고, 하면 반드시 축복을 누린다. 첫 번째 축복이 평화다. 평화로운 삶을 살 수가 있다. 기능이 없어지고, 사람들이 나를 중요하게 생각하지 않더라도 죽음이 다가오는 내 안에는 평화가 생긴다. 내가 평화로워지면 사람들과의 관계도 훨씬 더 쉬워지고 더 행복해진다. 이런 행복은 외부 상황에 좌우되지 않는다. 내 속에서 발생하는 존재적 행복감이다.

남자의 후반전

이제,
위대한 여정이 시작됐습니다!

　나도 중년의 삶을 살고 있다. 속으로 나에게 남은 날이 얼마나 되는지, 얼마나 더 일을 할 수 있을지 세고 있다. 군대에서 상병을 달았을 때도 그랬다. '언제 제대를 할 수 있을까? 제대를 하면 뭘 하지? 제대 후에는 내가 원하는 것들을 해보고 싶다.' 제대할 날을 세며 불투명한 미래에 대한 두려움과 기대를 가지고 있었다. 군대 시절과 지금의 중년이 오버랩된다.

　대부분의 중년 남자들처럼 직장에서의 어정쩡한 입지와 앞으로의 불투명한 현실이 내 앞에 놓여 있다. 학교를 그만두고 나면 앞으로 뭘 하지? 새로운 걸 해볼까? 지금까지 하던 대로 할까? 뭘 해야 아내와 아이들, 지인들이 나를 초라하게 여기지 않을까? 번잡한 마음으로 아침을 맞는 날이 많다. 그러면서 내 인생을 돌아보고 내가 가진 것, 나의 한계를 생각하며 통합을 모색하고 있다.

중년의 어느 날, 내가 그토록 원하고 이루기 위해서 달려온 수십 년의 세월이 아무것도 아니었다는 것을 깨닫게 되면 참으로 허망하고 통탄스럽다. 그동안 뭘 위해서 살았지? 나는 잘 살아온 걸까? 내 인생은 뭔가? 수많은 중년 남성들이 상담 과정에서 이런 질문을 하며 지금까지 살아온 삶에 대해 후회하고 어쩔 줄 몰라 한다.

이런 질문을 던지며 괴로워하는 내담자를 보는 나는 상담자로서 한편으로 너무도 마음이 아프지만 다른 한편으로는 미소를 짓는다. 사실 이런 질문은 우리 삶의 보석이다. 자신을 놓아버린 채 성공과 돈, 체면 등 밖으로만 향했던 눈을 돌려 '나'를 보고 '내 인생'을 보는 위대한 여정을 시작하게 하는 질문이다. 인간으로서 우리는 자연스럽게 이런 질문을 하게 되지만 쓸데없는 생각이라 여기며 회피하기도 하고 일에 쫓기고 상황에 밀려 깊이 있게 생각하지 않은 채 살고 있다. 그러나 중년이 되면 더 이상 물러설 곳이 없다. 지금이라도 늦지 않다. 남은 인생을 잘 살려면 이런 질문을 환영하고 답변을 모색해야 한다. 물론 당장은 혼돈과 혼란 속에서 어디로 가야 할지 모르는 채 교차로에 서 있는 느낌도 들 것이다. 그러나 모든 창조는 공허와 혼돈 속에서 생겨난다는 진리를 생각해보자.

앞에서 갈 곳을 몰라 교차로에 서 있던 사람들이 자기를 찾아 자유로워지고 힘을 얻는 과정을 소개했다. 나는 이 책을 읽은 독자들이 자신의 삶을 바라보면서 현대 사회가 우리에게 알게 모르게 심어주는 생각과 그 영향을 곰곰이, 면밀하게 성찰할 수 있기를 소망한다. 그래서 시대를 뛰어넘는 존재인 자신을 볼 수 있기를 간절히 바란다. 이런 기회를 다시 가질 수 있는 때가 바로 중년기다. 그러니 이 중년기는 얼마나 중요하고 아름다운 시기인가? 비록 마음이 힘들고 어려워도 이를 부여잡고 위대한 여정을 시작하는 위대한 보통 사람들에게 머리 숙여 존경의 마음을 표한다.

끝으로 이러한 마음을 잘 표현한 시가 있어서 시의 전문을 소개하며 책을 마무리 짓는다.

우울증 앓는 아내[10]

오늘도 전화 속 아내는 뚱했다
전화를 하자니 반응이 두렵고
전화를 안 하자니 후환이 두렵다

밥상머리에 앉으니 할 말이 궁해
실없는 소리로 적막을 끊는다

문을 열고 들어가 구석에 쪼그리고 있는
너의 모습이 마음을 짠하게 하고
쳐다보지도 않고 외면하는 마음이 야속하기만 하다

---

10 정성진의 시. 올해 61세인 정성진은 경기도 일산의 거룩한빛광성교회의 목사다. 이 교회에서는 중년기 여성을 위한 '나비학교(나를 찾아 비상하는 학교)'를 운영하고 있는데, 이 시는 나비학교 수료식에서 정성진 목사가 낭독했던 시이다. 중년기 여성들에게 당신들만 아픈 것이 아니라 우리들도 아프다며, 중년 남성의 마음을 알아달라는 호소의 시다.

손을 잡으면 돌아눕고 벽을 쌓는다
침대의 간격은 건널 수 없는 바다
딸을 대할 땐 훈풍이 불고
나를 대할 땐 삭풍이 분다

남편은 항상 강하고 저 혼자 잘 사는 존재라 생각하지만
나도 때로는
엄마! 외치며 울고 싶을 때가 있다
위로받고 싶은데

위로해야 할 아내가 웅크리고 있다
우울하지만 우울할 수도 없는 소년이
엉거주춤 눈물을 훔친다

그래 남자는 눈물을 보이면 안 된다
강해져야 한다

홀로 눈보라 헤치고 인생의 고산을 등반한 여장부인데
말 한마디에 상처받고 마음을 닫는 소녀가 그 속에 있다

이 널뛰는 마음은 신의 섭리인가
호르몬의 부조화인가

가마에 불 넣고
청자를 굽듯
불타고 나면
아름답고 청초한
학이 춤추는
비취빛 청자가 될까?